BARDD PENGW]
DETHOLIAD O GERD
JONATHAN HUGHES, LLA
(1721-1805)

Gyda chofion cynnes

Siwan

BARDD PENGWERN

DETHOLIAD O GERDDI JONATHAN HUGHES, LLANGOLLEN
(1721-1805)

Siwan M. Rosser

Cyhoeddiadau Barddas
2007

ⓗ Siwan Rosser
Argraffiad Cyntaf: 2007

ISBN 978-1-900437-96-7

Cyhoeddwyd gyda chymorth ariannol Cyngor Llyfrau Cymru

Cyhoeddwyd gan Gyhoeddiadau Barddas
Argraffwyd yng Nghymru gan Wasg Dinefwr, Llandybïe

I
Iwan

RHAGAIR

Dechreuais ymddiddori ym marddoniaeth Jonathan Hughes pan oeddwn yn fyfyrwraig ymchwil ym Mhrifysgol Cymru, Aberystwyth a hoffwn ddiolch yn fawr iawn am y gefnogaeth a gefais yn yr Adran Gymraeg yno ac yn Ysgol y Gymraeg, Prifysgol Caerdydd. Carwn ddiolch yn arbennig i Dr E. Wyn James am ei sylwadau gwerthfawr, i Phyllis Kinney, Dyfed Edwards (Curiad) a David Crane (Amgueddfa Llangollen) am eu cymorth ac i Alan Llwyd am lywio'r gyfrol drwy'r wasg.

CYNNWYS

BYRFODDAU

BB   Jonathan Hughes (1721-1805), *Bardd a Byrddau* (Amwythig, 1778).

BOWB   J. H. Davies (gol.), *A Bibliography of Welsh Ballads Printed in the Eighteenth Century* (London, 1911).

GA   Jonathan Hughes (1753-1834), (gol.), *Gemwaith Awen Beirdd Collen* (Croesoswallt, 1806).

NLW   Llawysgrifau Llyfrgell Genedlaethol Cymru, Aberystwyth.

RHAGARWEINIAD

Ym Medi 1951 dadorchuddiwyd cofeb i dri o feirdd enwocaf Llangollen yng ngerddi Plas Newydd, cyn-gartref y boneddigesau Gwyddelig hynod, Eleanor Butler a Sarah Ponsonby. Un o'r beirdd a anrhydeddwyd oedd Jonathan Hughes, un o brydyddion mwyaf poblogaidd a thoreithiog y ddeunawfed ganrif. Ond erbyn yr ugeinfed ganrif yr oedd y cof amdano'n prysur brinhau, ac un o'r prif resymau dros godi cofeb iddo oedd rhag i'w enw fynd ar ddifancoll yn llwyr. Dichon i sefydlu'r gofeb adfywio'r diddordeb ym mywyd a gwaith Jonathan Hughes dros dro: cyhoeddwyd cyfrol gan Daniel Williams i ddathlu'r achlysur ac ynddi ysgrif gynhwysfawr ar yr hen fardd.[1] Ond ar y cyfan, erys ei enw hyd heddiw yn llawer llai cyfarwydd nag enwau rhai o gymeriadau amlycaf y cyfnod, megis Twm o'r Nant neu Dafydd Jones o Drefriw.

Er i ambell gerdd ymddangos ar glawr yn lled ddiweddar,[2] mewn casgliadau sydd bellach yn brin ac anhygyrch y ceir y rhan fwyaf o'i farddoniaeth. Hawdd felly yw tanbrisio ei gyfraniad i lenyddiaeth Gymraeg. Ond drwy gasglu detholiad o'i gerddi ynghyd yn y gyfrol hon, y gobaith yw y gellir bwrw rhywfaint o oleuni ar yrfa a chyfraniad llenyddol Jonathan Hughes a'i le ym myd lliwgar beirdd gwlad y ddeunawfed ganrif. Dyma fyd llawn carolau, baledi ac englynion a fwriadwyd i ddiddanu, cynghori neu frawychu'r gynulleidfa awchus. Ymlafniai Jonathan Hughes yn ddiflino i gynhyrchu carolau ar ddyddiau gŵyl, marwnadau i goffáu cyfeillion, cyfarchion ar ddydd priodas neu ben-blwydd a chwynion dros y tlawd a'r anghenus. Cawn, felly, drwy gyfrwng ei gerddi, gipolwg ar amgylchiadau'r oes a swyddogaeth gymdeithasol prydyddiaeth boblogaidd y ddeunawfed ganrif.

*   *   *

Ganwyd Jonathan Hughes ar 21 Mawrth 1721 yn nhyddyn Ty'n y Pistyll ar ystad Pengwern ger Llangollen ac yno, ar odre'r Berwyn, y treuliodd ei oes gyfan. Yno bu'n barddoni ac yn amaethu a chyda'i wraig, Mari, yno

magodd wyth o blant, pedwar mab a phedair merch. Er iddo lafurio i
ennill bywoliaeth o'r tir, digon di-nod oedd amgylchiadau'r bardd a'i
deulu drwy gydol ei oes, a phan oedd mewn gwth o oedran meddai
Richard Llwyd ('the Bard of Snowdon') amdano, 'Jonathan Hughes [is] a
venerable and respectable old man of 82 in humble life and distressed
circumstances, in the midst of a numerous race of descendants, all of
them willing, but unable to contribute materially to his accommodation
and comfort.'[3] Nid syndod hynny, mewn gwirionedd. Wedi'r cyfan, yr
oedd dyddiau'r bardd proffesiynol wedi hen ddarfod amdanynt yng
Nghymru a llwm iawn oedd byd nifer fawr o dyddynwyr y ddeunawfed
ganrif, yn arbennig y rhai a oedd, hwyrach, â'u bryd ar brydyddu yn
hytrach nag amaethu. Ardal gymharol dlawd oedd dyffryn Llangollen yn
y cyfnod hwnnw hefyd, fel y tystia Thomas Pennant, un o'r ymwelwyr
cyntaf i ddisgrifio'r fro. 'Llangollen is a small and poor town', meddai,
ond eto fe'i hudwyd gan brydferthwch y dref:

> . . . seated in a most romantic spot near a pretty common watered
> by the Dyfrdwy, which runs with great passion through the valley.
> The mountains soar to a great height above their wooded basis and
> one, whose summit is crowned with the ancient castle Brân, is
> uncommonly grand. I know no place in northern Wales where the
> refined lover of picturesque scenes can give a fuller indulgence to
> his inclination.[4]

Y mae i ardal Llangollen gyfoeth naturiol diamheuol, ond nid pryd-
ferthwch trawiadol y tirlun a ysbrydolodd Jonathan Hughes i ganu. Bardd
gwlad oedd Jonathan, prydydd cymdeithasol a wasanaethai ei gymdogaeth
leol â'i garolau a'i faledi. Cyfoeth traddodiad barddol y fro a ysgogai ei
awen; wedi'r cyfan, dyma ardal Guto'r Glyn ac Iolo Goch, Gruffudd Hir-
aethog a Huw Morys. Dyma fro a chanddi gysylltiadau clòs ag Edeyrn-
ion, Uwch Aled a Dyffryn Clwyd, y 'rhanbarth pwysicaf yng Nghymru
[yn llenyddol] o ddechrau'r bymthegfed ganrif hyd y ddeunawfed', yn ôl
yr Athro G. J. Williams. Haera'r hanesydd llên hwnnw mai'r 'bywyd
llenyddol a fu'n nodweddu'r wlad yma', sef Dyffryn Clwyd a'r cyffiniau,
'sydd, i raddau helaeth, yn egluro parhad traddodiadau diwylliannol
cenedl y Cymry hyd ein dyddiau ni. Dyma ganolfan bywyd llenyddol y
cyfnodau hyn.'[5] Y mae G. J. Williams yn enwi Jonathan Hughes, ynghyd

â Huw Jones, Llangwm a Dafydd Jones o Drefriw, ymysg y beirdd a fu'n cynnal 'traddodiadau diwylliannol' Cymru'r ddeunawfed ganrif.

Yn ôl ei dystiolaeth ef ei hun,[6] dechreuodd Jonathan Hughes farddoni yn bymtheg oed, ac o fewn dim yr oedd wedi'i sefydlu ei hun yn un o feirdd gwlad mwyaf poblogaidd yr ardal. Ymddengys mai ei anterliwt gyntaf, *Y Dywysoges Genefetha*, a gwblhawyd pan oedd y bardd yn dair ar hugain mlwydd oed, a ddaeth ag enw'r prydydd ifanc i sylw'r cyhoedd am y tro cyntaf.[7] Drama werin yn seiliedig ar chwedl santes Genovefa yw'r anterliwt hon, chwedl a fu'n boblogaidd iawn ar gyfandir Ewrop yn ystod yr ail ganrif ar bymtheg.[8]

Dramateiddio hanes helbulus Genefetha, ei gŵr y Tywysog Siffryd a'r twyllwr Colo a wna Jonathan Hughes, ac wrth gwrs, y mae'n addasu'r stori honno i gyd-fynd â fframwaith traddodiadol yr anterliwt. Ym mhob un o'r dramâu gwerin poblogaidd hyn byddai cymeriadau'r Ffŵl, y Cybydd a'i Gariad yn ymddangos am yn ail â chymeriadau'r brif stori, ac nid yw'r *Dywysoges Genefetha* yn eithriad. Yn aml, byddai'r ddwy haen hyn megis dwy ddrama ar wahân, ond llwydda Jonathan Hughes i'w gwau ynghyd yn bur gelfydd. Yn ogystal â chynnig hoe ysgafn i'r gynulleidfa rhag difrifoldeb y brif stori, y mae'r golygfeydd gyda'r Ffŵl, y Cybydd a'i Gariad yn adleisio argyfyngau moesol hanes Genefetha, a hynny mewn dull cellweirus, ffraeth.

Gwaith prydydd ifanc yw'r *Dywysoges Genefetha* ac nid oes yma fawr o ymdrech i wneud dim amgenach nag adrodd y stori; nid oes y fath sylwebaeth gymdeithasol graff a geid yn anterliwtiau aeddfed Twm o'r Nant, er enghraifft. Ond mae awdur *Y Dywysoges Genefetha* yn amlwg yn fardd a fedrai fydryddu'n rhwydd ac yn rhugl, ac yn adroddwr stori peni-gamp.

Bwriodd Jonathan Hughes ei brentisiaeth fel prydydd ifanc gyda'r *Dywysoges Genefetha* ond cadarnhaodd ei le ymhlith rheng flaen farddol yr ardal wedi hynny drwy ei sefydlu'i hun yn rhan ganolog o ddiwylliant barddol Llangollen a'r cylch. Cystadlai mewn eisteddfodau tafarn lleol, megis honno a gynhaliwyd yn Selatyn ger Croesoswallt, ddydd Llun y Pasg 1748,[9] a buan y daeth cynulleidfa ehangach i glywed amdano wrth i'w waith ymddangos mewn print.

Dechreuwyd argraffu barddoniaeth Gymraeg boblogaidd o ddifrif yn ystod y ddeunawfed ganrif, ac yr oedd Jonathan Hughes, neu Fardd Pen-gwern fel y'i adwaenid yn aml, yn un o'r enwau amlycaf yn y llyfrynnau baledi, y blodeugerddi a'r almanaciau a gynhyrchwyd gan weisg Cymru a'r Gororau. Argraffwyd cerddi ganddo mewn llyfrynnau baledol o 1750 ymlaen yn Amwythig, Croesoswallt, Wrecsam, Caer, Y Bala a Threfriw, ac y mae cerddi ganddo i'w gweld mewn blodeugerddi pwysig, megis *Dewisol Ganiadau*, 1759 a *Llu o Ganiadau*, 1798.

Ymddengys fod almanacwyr y gogledd-ddwyrain yn arbennig o hoff o gynnwys cerddi gan Jonathan Hughes hefyd, oherwydd yn ogystal â chynnig gwybodaeth ynghylch seryddiaeth, y tywydd a dyddiadau ffair, ceid nifer dda o gerddi'r bardd yn almanaciau'r cyfnod. Rhwng 1748 a 1776 argraffodd John Prys dair cerdd ar hugain o eiddo Jonathan Hughes yn ei almanaciau, llawer mwy na chan unrhyw fardd arall. O 1776 ymlaen olynwyd John Prys yn Amwythig gan almanaciwr arall a ymserchai yng ngwaith Bardd Pengwern, sef Cain Jones, mab John Edwards 'Siôn y Potiau', Glyn Ceiriog, cyfaill i Jonathan Hughes. Cyhoeddodd Cain gerddi gan Jonathan yn gyson hyd at 1795.

Baledi, carolau ac englynion gan Jonathan Hughes a argraffwyd yn y cyhoeddiadau poblogaidd hyn. Er iddo ddechrau ei yrfa ag anterliwt lwyddiannus, ni fyddai'n ymhél ryw lawer â'r ffurf ar ôl cyfansoddi *Y Dywysoges Genefetha*. Y mae'n debyg iddo gwblhau ail anterliwt, sef *Twyll y Cyllyll Hirion*,[10] ond pedair cerdd o'r anterliwt honno yn unig a gadwyd ar glawr. Y mae'n bosibl i Jonathan Hughes, fel cynifer o feirdd y ganrif, beidio â'r arfer o ganlyn anterliwt am nad oedd y tynnu coes masweddus, rhywiol a gysylltid â'r ffurf yn cydweddu â chywair moesol llawer iawn o farddoniaeth ail hanner y ddeunawfed ganrif.[11] Yn wir, canodd Jonathan Hughes gerdd 'ar ôl gwneud Interliwt' ac ynddi y mae'r prydydd yn awgrymu mai ynfydrwydd a'i gyrrodd i lunio 'chwaryddiaeth', sef anterliwt, a'i fod yn arfer a oedd yn ennyn dicter a barnedigaeth Duw.[12]

Canolbwyntiodd ar brydyddu, felly, ac wrth iddo nesáu at ei drigain oed, sylweddolodd fod ganddo fwy na digon o gerddi i lunio cyfrol sylweddol o'i farddoniaeth ei hun. Yn ystod y 1770au ymgymerodd â'r gorchwyl beichus o gasglu'r testunau ynghyd a pharatoi cyfrol o gerddi ar gyfer y wasg. Yn 1778 ymddangosodd *Bardd a Byrddau Amryw Seigiau neu Gasgliad o Gynghanedd* gan Jonathan Hughes o argraffwasg Stafford Prys yn Amwythig.

Yn ogystal â'r pedwar ugain a mwy o gerddi, un o nodweddion mwyaf trawiadol y gyfrol yw'r rhagymadrodd gonest a ffraeth a luniodd Jonathan Hughes iddi. Yn y rhagymadrodd hwnnw, y mae'n egluro'r hyn a'i cyflyrodd i fynd ati i olygu cyfrol o'i farddoniaeth ei hun. Wedi'r cyfan, yr oedd paratoi cyfrol o faint *Bardd a Byrddau* yn gryn gamp i dyddynnwr cyff-redin heb brofiad cyhoeddi na chelc o arian wrth gefn. Ond ysgogwyd Jonathan i ymgymryd â'r fenter yn y lle cyntaf oherwydd bod cymaint o'i waith bellach 'ar wasgar hyd y wlad, ac nid oedd gan i fy hun o honaw ond ychydig iawn'.[13] Yr oedd felly am gasglu ei gerddi ynghyd a'u hail-gyflwyno i'r gynulleidfa drachefn.

Ond wrth fynd ati i gasglu'r cerddi o ffynonellau ysgrifenedig amryw-iol, dywed ei fod yn anfodlon iawn â safon y cynnyrch. Nid yw'n manylu ar y ffynonellau a ddefnyddiodd, ond gellid tybio iddo gasglu ynghyd fersiynau o'i gerddi a oedd i'w cael mewn llyfrynnau baledi, almanaciau a llawysgrifau:

> A phan gefais i beth o'r gwaith ynghyd, yr oedd ef yn fwy amherffaith nac ar y cyntaf, peth wedi ei gam ysgrifenu, peth arall yn gandryll ac yn fudr, ac arnaw bob mâth o annhrefn, fel na allasai neb mo'i ddewygio oni bae i mi gymheryd y gwaith arna fy hun; a bydded hysbys i rhai sydd wedi dysgu rhai o'm Carolau neu 'r Cerddi, ei bod wedi newid llawer o eiriau ag odlau a rhai penhillion cyfa; am na chefais i ond darnau o rai o honynt, ac fellu y rhai a ddysgodd o'r blaen, pan weloch hwy etto chwi gewch ychwaneg o newydd.[14]

Y mae'r ffaith iddo sôn am y newid a fu ar odlau a rhai penillion cyfan yn awgrymu'n gryf i nifer o gerddi Jonathan Hughes gael eu mabwysiadu ar lafar. O ganlyniad, cafodd y cerddi hynny eu hystumio a'u hamrywio gan y broses o drosglwyddo testunau ar dafod leferydd. Awgryma hyn nad fel testunau sefydlog, digyfnewid yr ystyrid testunau printiedig y cyfnod, mewn gwirionedd. Y mae sylwadau Jonathan Hughes yn tystio i hyblygrwydd barddoniaeth boblogaidd y ddeunawfed ganrif wrth i ddiffyg llythrennedd a phwysigrwydd llafaredd olygu y gallai cerddi drosglwyddo o'r naill gyfrwng i'r llall yn rhwydd.[15]

Y mae'r rhagymadrodd hefyd yn bwrw goleuni ar ystyr teitl anghyff-redin y gyfrol, *Bardd a Byrddau*. Dywed Jonathan Hughes iddo ofyn am gymorth dau brydydd arall er mwyn canfod teitl addas ar gyfer y llyfr:

> Ac am enw neu deitl y llyfr, nid fy nyfais i yw hynny, ond mi fum yn myfyrio peth am enw arnaw ac nid oeddwn yn cael yr un enw

cymmwys nes imi gyfarfod a brawd, fel finneu 'n enw prydydd, sef
William Roberts o'r pentref wrth gorwen, yn Sir Feirionydd, ac mi
ofynnais iddo a fasai efe, yn Dad Bedydd im llyfr i, ac ni ommedd-
odd ei gymwynas, ac efe anfonodd at frawd arall (fel y ceid dau
dyst,) un Rowland Hugh Bardd o drêf Rhywaedog, ar Ddau hyn a
ddanfonasant chwech o enwau, i mi gymryd fy newis o honynt; un
oedd Duw-fawl drysorfa neu brif ganiadau 'r oes bresenol, un arall
oedd maen prawf neu 'r Tyst ffyddlon, un arall oedd crŵth awen-
gerdd, arall oedd Tywalltiad Blwch o ennaint, ac un arall gemm-
waith awen o blwyf Collen, ac yn ddiweddaf Bardd a Byrddau
amryw Seigiau. Roedd pob un ar goreu.

> Ond bod rhai enwau, 'n rhy enwog,
> A minnau am cân am enw còg.

Fellu mi ddewisais y diwaetha gan ei fod yn gymhwysach na'r lleill,
wrth ystyried y gwaith ei fod o amryw destynau, ac nid allasi lai na
disgwyl barn gan rai am roi cymmysg-waith, o'r fath allan ond
ystyried y cyfryw, fod Traul fawr yn mynd i'w hargraphu, ac nas
gallwn i mo'u gwneud yn unig at feddyliau un rhyw neu fâth a'r
bobl rhag na chawn eu gwerthu, a minneu 'n cymryd y draul arna
fy hun i gyd, fellu os bydd rhai heb gael ei bodloni ar un mann,
troant ddalen a hwy a gant newid eu saig.[16]

Sylwer ar y cyfeiriad at y 'traul fawr' a aeth i argraffu'r llyfr, traul ariannol
a gymerodd Jonathan Hughes 'arna fy hun i gyd', fe ymddengys. Ni
chasglodd Jonathan danysgrifwyr i gefnogi'r gyfrol ymlaen llaw, a chan
iddo ysgwyddo'r baich ariannol o argraffu'r llyfr ei hun bu raid iddo
grwydro ledled Cymru yn ceisio ei werthu. Canodd benillion i'w wraig
pan oedd yn gwerthu'r gyfrol yn ne Cymru (gweler cerdd rhif 14).

Ond yr oedd Jonathan hefyd yn ffyddiog fod digon o amrywiaeth yn ei
gyfrol gyntaf i sicrhau gwerthiant da i'r llyfr. Apeliai'r teitl *Bardd a
Byrddau* ato gan ei fod yn ystyried y gallai'r darllenydd bigo yma a thraw
yn dewis a dethol cerddi a apeliai at ei archwaeth arbennig ei hun. Drwy
gynnig y fath amrywiaeth o ddanteithion blasus, bwriodd Jonathan ei rwyd
yn ddigon eang i fachu nifer fawr o ddarllenwyr, ond nododd fod argraffu
llyfr heb danysgrifwyr yn risg na allai fforddio ei hailadrodd yn y dyfodol.

Ar ddiwedd y rhagymadrodd y mae'n edrych ymlaen at gyhoeddi ail gyfrol, ond 'fe fydd rhaid i mi gael cynnorthwy ymlaen llaw at y llyfr hwnnw onid te nid â'r gwaith ddim ymlaen'.[17]

Y mae ymdrechion Jonathan Hughes i argraffu ei gerddi'n awgrymu ei fod yn rhannu'r un awydd â Dafydd Jones o Drefriw a Huw Jones, Llangwm i ddarparu deunydd Cymraeg ar gyfer cynulleidfa newydd o ddarllenwyr Cymraeg. Ysgogwyd y beirdd hyn gan ystyriaethau masnachol a gwladgarol i fanteisio ar dwf y wasg argraffu er mwyn sicrhau nad oedd angen i'r Cymry droi at lenyddiaeth Saesneg er mwyn cael gafael ar rychwant eang o ddeunydd printiedig cyfoes.[18] Hyderai Jonathan Hughes, felly, nad 'llafur dibris' fyddai argraffu ei farddoniaeth, ac yr oedd yn ffyddiog y byddai croeso gwresog i'w gerddi.

Ond er gwaethaf yr ymffrostio hwn, y mae'r rhagymadrodd hefyd yn datgelu pryderon a diffyg hyder Jonathan yn ei allu a'i gymhwyster fel bardd. Y mae'n codi amheuon ynghylch ei hawl i gael ei alw'n brydydd, hyd yn oed. Wrth gwrs, yr oedd ymddiheuro am ddiffygion a gwendidau llyfrau yn nodwedd anhepgor o ragymadroddion cyfrolau printiedig y cyfnod modern cynnar; gobeithiai Huw Jones, Llangwm, er enghraifft, na fyddai neb yn edrych yn drahaus ar y gwallau yn *Dewisol Ganiadau o'r Oes Hon* 'oherwydd ei ddyfod allan trwy ddwylaw Cymro anghywrain'.[19] Ond nid moesymgrymu'n ddiymhongar gerbron y darllenydd a wna Jonathan Hughes, ond bwrw ei fol ynghylch mater a oedd o wir bryder iddo. Ymboenai'n ddirfawr i'r enwogrwydd a enillodd wrth lunio rhigymau pan oedd yn llanc, gelu gwendidau sylfaenol yn ei farddoniaeth. Meddai yn y rhagymadrodd i *Bardd a Byrddau*:

> pan oeddwn o ddeutu 20 oed dechreuais gael gwell gafael ar y gwaith, mi wnawn rigymmau yn fy nhyb fy hun, ac oedd yn ganu go hynod, ac y roeddwn yn dechreu rhyfeddu oblegyd fy ngwaith, tybio n ddiau, yr awn i yn Brydydd, a hynny oedd fy naturiol ewyllys, ysgryfennu rhai rheffynnau o gan a'u danghos i eraill, a chael molach mawr a llawer o wag ogoniant gan y wlad, mynd ymlaen ymhellach o nerth hynny, a gwneuthur gwêdd chwerrig neu anterliwt, cael mwy o folest, erbyn hyn roeddwn i wedi mynd yn ben Bardd; er na wyddwn i y pryd hwnnw am Farddoniaeth, na rheolau 'r gelfyddyd, nac enaid y gerdd: Ddim cystal ac y gwyddai llawer dyn na fedrai ganu dim.[20]

Mynega'r un pryderon ar gân yn ogystal. Mewn cerdd i annerch prydydd-ion ieuainc y Gogledd yn 1783 (rhif 15), cyfeiria at ei farddoniaeth wag a disylwedd:

> Mi dybiais fy mod
> Yn hynod fy hunan ag amcan dda gynt,
> Nes cael fy nghynghanedd fel gwagedd a gwynt . . .
> Rwy beunydd ar ben
> Roi'm hawen, rym hoyw, i gadw'n y gell,
> Am na bai fy nghaniad a'i nyddiad yn well.

Pobl eraill a'i galwodd yn brydydd 'fel y mae pob clyttiwr yn cael i alw'n Dailiwr', meddai yn y rhagymadrodd i *Bardd a Byrddau*. Efallai y deilliai'r ansicrwydd hwn o'r ffaith na dderbyniodd hyfforddiant barddol ffurfiol erioed. Awgrymir yn *Bardd a Byrddau* na dderbyniodd fawr o addysg o unrhyw fath ac y mae'r 'Cywydd i Annerch y Cymry' (rhif 8), er enghraifft, yn cyfeirio at y diffyg hyfforddiant a llyfrau a oedd ar gael i Jonathan pan oedd yn fachgen ifanc yn Nhy'n y Pistyll. Ceisiodd wneud iawn am ei ddiffyg addysg gynnar drwy bori mewn 'gramadegau a geirlyfrau' pan oedd yn hŷn. Ond er yr ymdrechion hynny, yn *Bardd a Byrddau* y mae'n gwadu, yn ŵr hybarch 57 mlwydd oed, ei fod mewn gwirionedd yn fardd:

> Ac yn awr yn 57 oed, a chwedi gweled llawer iawn ychwaneg, a dal sulw ar amrywiol wrth-ddrychau Gramadegau, a geirlyfrau, gan dybio wrth hynny yr awn i 'n ddoeth yn y gelfyddyd, ac o'r diwedd mi aethym gan ddoethed a hyn; mi wela nawr nad wyfi na phryd-ydd, na chymro, nac ysgolhaig, nid wyf Brydydd . . . o herwydd i mi esgeuluso'r ddawn oedd ynofi, canys nid oedd gennyf mo'r cymmaint o ffydd ac sydd gan yr aderyn.[21]

Efallai, hefyd, fod diffyg hyder barddol Jonathan Hughes yn gysylltiedig â'i bryder ynghylch safon ei Gymraeg. Fel y dengys y 'Cywydd i Annerch y Cymry' (rhif 8), ymboenai am ymlediad y Saesneg yn nyffryn Llangollen a'i fratiaith ef ei hun. 'Collwyd, anrheithwyd yr iaith/Draws driniad, drwy estroniaith', meddai yn y cywydd hwnnw. Yn y rhagymadrodd i *Bardd a Byrddau* y mae hyd yn oed yn honni 'n[a]d wyfi gymro, am fy mod yn gymmydog rhy agos i'r saeson, canys hên arfer cymmydogion ydyw benthygio oddiar eu gilydd, fellu finnau wrth ganu, mi fenthycciais fwy o eiriau Saesonaeg nag a dalaf i fyth adref'.[22]

Y mae rhai o gerddi Jonathan Hughes yn amlygu dylanwad yr iaith Saesneg ar y bardd. Er mai digon cloff oedd ei Saesneg llafar, mae'n debyg, medrai ddigon o'r iaith fain i gyfansoddi nifer fechan o gerddi macaronig, gan gynnwys penillion dwyieithog o fawl i Grist, a cherddi i annerch bonheddwr lleol ac i gefnogi'r rhyfel yn erbyn Ffrainc yn 1756.[23] Byddai'n ymweld â boneddigesau Plas Newydd, ac ysgrifennodd Eleanor Butler amdano yn ei dyddiadur ddydd Sadwrn, 17 Ionawr 1789:

> Old Jonathan Hughes, the Bard of the Valley, with his poetical productions at the Eisteddfod one of which he has Translated. We sent for him into the Library: a tall Venerable figure. Can speak very little English.[24]

Manteisiodd, felly, ar ei wybodaeth elfennol o'r Saesneg ar brydiau, ond yn y rhagymadrodd i *Bardd a Byrddau* cawn ddarlun o ŵr a resynai na allai gynnal y 'peth pwysicaf o alwedigaeth prydydd', sef 'cadw'r iaith'.[25]

Gan nad oes cyfeiriad o gwbl at athro barddol i Jonathan Hughes yn ardal Llangollen, rhaid tybio i'w ymwybyddiaeth o'i alwedigaeth fel prydydd ddeillio o'i gynefindra â barddoniaeth gyfoes Gymraeg ar lafar ac mewn print a llawysgrif. Ceisiodd efelychu arddull y cerddi rhydd cynganeddol a fu mewn bri yn y gogledd-ddwyrain ers dyddiau Edward Morris, Perthillwydion a Huw Morys, Pontymeibion. Yn wir, mae dylanwad Huw Morys, neu Eos Ceiriog, yn drwm ar ganu Jonathan Hughes. Yn amlwg, edmygai waith Eos Ceiriog fel y gwelir yn yr englyn hwn a ganodd ym mynwent Llansilin:

> Gwely'r bardd, gwael oer ei ben – sy'n llechu
> Yn llwch y ddaearen;
> *Huw* rywiog hauwr awen,
> A maer y swydd – *Morus* hen.[26]

Dysgodd hefyd lawer am y grefft o farddoni gan ei gyfoeswyr barddol. Yr oedd Jonathan yn rhan o rwydweithiau barddol answyddogol y gogledd-ddwyrain ac yng nghartrefi caredigion llên megis Siôn Dafydd Berson,

Pentrefoelas, cymdeithasai â Huw Jones, Llangwm, Elis y Cowper, Dafydd Jones o Drefriw a Thwm o'r Nant.[27] Yr oedd cryn gystadleuaeth, a gelyniaeth ar brydiau, rhwng y beirdd hyn, fel y cawn weld yn y man. Ond yr oedd rhai o feirdd pennaf yr ardal hefyd ymhlith ei gyfeillion mwyaf mynwesol, megis John Thomas, Pentrefoelas, Edward Jones, Bardd y Brenin, John Edwards 'Siôn y Potiau' a John Edwards 'Siôn Ceiriog', un o sylfaenwyr y Gwyneddigion yn Llundain.[28]

Yng nghwmni'r prydyddion profiadol hyn, dysgodd Jonathan lawer am deithi'r Gymraeg a'i barddoniaeth ac am hanes y gelfyddyd yng Nghymru. Ymddengys, mewn gwirionedd, mai edmygedd aruthrol Jonathan o'i gyndeidiau barddol oedd un o'r rhesymau pam y teimlai mor ddihyder ynghylch ei farddoniaeth ef ei hun. Sylwer ar yr englynion hyn a gyflwynodd ar ddechrau *Bardd a Byrddau* yn olrhain achau'r llyfr:

> Gwelwch, edrychwch, drwy Achau, Fy Llyfr,
> Fall afrwydd ganiadau,
> O fôn-cyff hen, ond coffau,
> Coed Merddin, caed y 'myrddau.

> Mein-llin Taliesin yw'r 'tlysau, gwnnion,
> Wawr gannaidd lieiniau,
> O gell Homer, clwm pêr, clau,
> Doeth disglaer, daeth y dysglau.[29]

O gymharu â'r fath farddoniaeth aruchel, y mae Jonathan yn ei fychanu ei hun 'fal corr, yngafael cewri', gan honni mai ôl traed, neu friwsion prin eu campau hwy yn unig sydd i'w gweld yn ei gerddi ef:

> Mae i mi, wedi ei Adel, ol traed,
> Eu troiadau dirgel,
> Ceir Briwsion Tawlion, ond hel,
> Byrddau Achau Beirdd uchel.

Y mae hyn yn ategu'r cyfaddefiad a gafwyd ynghynt yn y rhagymadrodd:

> roeddwn hefyd yn meddwl fod yn ammhosibl i mi byth wneud gwaith cyffelyb i'r hen Brydyddion, ac fellu byddwn yn aml yn fy

nghyfri fy hun yn ffôl, fod yn myfyrio dim ar beth mor ddieithr ac allan o'm cyrredd.[30]

Dengys Jonathan Hughes ei fod yn ymwybodol iawn o'r newid a fu yn niwylliant barddol Cymru dros y canrifoedd ac y mae ei farn mai tila yw ei gerddi ef ei hun o gymharu â champweithiau'r penceirddiaid gynt yn gwbl nodweddiadol o feddylfryd israddol nifer o feirdd y ddeunawfed ganrif. Er mai bylchog oedd eu gwybodaeth am farddoniaeth yr Oesoedd Canol, yr oeddynt yn ymwybodol bod oes aur wedi bodoli unwaith yn hanes llenyddiaeth y Gymraeg, ond bod yr oes honno bellach ar ben. Yn ogystal, onid oedd ysgolheigion mawr y ddeunawfed ganrif, megis Lewis Morris a Goronwy Owen, yn atgoffa'r beirdd gwlad byth a hefyd mai israddol ac annheilwng oedd eu hawen hwy? Yn wyneb eu beirniadaeth lem y mae Jonathan Hughes fel pe bai'n teimlo rheidrwydd i amddiffyn barddoniaeth gyfoes yn y rhagymdrodd i *Bardd a Byrddau*, ac y mae'n datgan yn gadarn fod y ddawn farddol mor fyw ag erioed:

> fe ddweudir fod Caniadau 'r oes yma 'n waeth ac yn llai eu sylwedd, na rhai 'r oes a basiodd, a gwir yw, mewn un ystyr, o herwydd ein bod ni yn fwy difraw ac esgeulus am ddefnyddio ein Talentau, ond am y ddawn nid yw hi ddim byrrach nag o'r blaen, Canys megis yr oedd yn y dechreu mae 'r awr hon ac y bydd.[31]

Yr oedd angen arweiniad ar y beirdd hyn, a sylweddolai Jonathan bwysigrwydd yr eisteddfod yn hynny o beth. Fel y nodwyd eisoes, bu'n gystadleuydd brwd yn eisteddfodau tafarn y gogledd-ddwyrain er yn llanc, a chredai'n gryf mai trwy gystadlu mewn eisteddfodau y gellid cynnal safonau a disgyblaeth farddol ymysg y prydyddion. Sylwer, er enghraifft, ar yr englynion hyn, 'Gwahawdd i Eisteddfod', sy'n atgoffa'r beirdd ei bod yn ddyletswydd arnynt i gynnal traddodiad anrhydeddus yr eisteddfod sydd, yn ei dro, yn amddiffyn yr iaith Gymraeg a'i diwylliant:

> Myfyr am ddifyr ddefod – fo urddas
> I feirdd ymgyfarfod
> Lle cedwir deddf Eisteddfod
> Ai dal fel y dylai fôd

Codiad arferiad a fu – yn hygof
Annogaeth i gymru
ac amryw or hen gymry
Cywrain gynt ai carai'n gu

Deuwch a mynwch am unwaith
Odfa i adfer y fam-iaith
Herwydd fôd swn ein haraith
Gwedi ei roi i gadw'r iaith.[32]

Erbyn y 1780au, fodd bynnag, gwelid llu o feirdd gwlad yn anwybyddu gwahoddiadau Jonathan Hughes a'i debyg ac yn cefnu ar yr eisteddfodau tafarn. Daeth penllanw'r dirywiad hwn yn eisteddfod Nos Ystwyll, neu'r 'Seren-ŵyl', yn Llangollen, 6 Ionawr 1789. Pedwar o feirdd yn unig a fentrodd allan gefn nos gaeaf i geisio am y gadair, sef Jonathan Hughes a'i fab, Jonathan, Peter Llwyd o Gynwyd a Daniel Jones o Riwabon. Jonathan Hughes y tad a gadeiriwyd, ond buddugoliaeth chwerwfelys oedd ennill y gadair iddo'r noson honno. Yr oedd gweld cyn lleied o feirdd mewn eisteddfod yn ei dref enedigol ei hun yn siom enfawr i'r hen brydydd ac yr oedd difaterwch y to iau ynghylch pwysigrwydd yr eisteddfod yn wewyr calon iddo.

Gwyddai fod brwdfrydedd a hyder nifer o feirdd gwlad y Gogledd yn pylu wrth i'r ddeunawfed ganrif fynd rhagddi. Er gwaethaf cefnogaeth ambell fonheddwr, megis John Edwards, Pen-y-bryn, noddwr eisteddfod Llangollen 1789, 'teimlai'r beirdd gwlad hyn eu bod yn ddiymadferth oherwydd diffyg nawdd a chefnogaeth. Gwyddent pa mor gloff oeddynt', ys dywed Tecwyn Ellis.[33] Ond yr oedd yno feirdd a fynnai newid y meddylfryd hwnnw a dyrchafu statws barddoniaeth drachefn. Yn ardal Llangollen a Chorwen, credai mintai fechan o feirdd gwlad mai trwy adfywio'r eisteddfod y gellid aildanio brwdfrydedd prydyddion y Gogledd. Jonathan Hughes oedd llefarydd y fintai honno, ac ar 25 Chwefror 1789 anfonodd lythyr ar ran beirdd Llangollen a Chorwen at gymdeithas y Gwyneddigion yn Llundain i geisio nawdd ganddynt.[34]

Yn y llythyr hwnnw, mynegwyd y bwriad i gynnal eisteddfod yng Nghorwen, 12 Mai 1789, ac er mwyn sicrhau y ceid yno gystadlu teilwng, deisyfwyd 'anrheg fechan' gan y Gwyneddigion i'w rhoi yn rhodd i'r bardd buddugol. Yr oedd Jonathan Hughes yn ddigon hirben i sylweddoli y

byddai cydnabyddiaeth y gymdeithas Lundeinig, a rhodd werthfawr gan-
ddynt, yn ysgogi rhai o'r beirdd llesg i ailgydio yn y grefft. Yr oedd y
beirdd gwlad, wrth gwrs, yn parhau i gyflawni swyddogaeth gymdeithasol
fuddiol, ond yr oedd nifer yn teimlo nad oedd 'budd nag elw yn y cyfryw
arferiad' bellach.

Dywed Jonathan Hughes wrth y Gwyneddigion fod llawer o feirdd yn
addo dod i Gorwen fis Mai, ond bod tlodi a diffyg brwdfrydedd yn
rhwystro eraill rhag cystadlu:

> ond hyn sy'n lluddias llawer sef Tlodi. lluddir llawer gan fydol-
> rwydd, eraill gan ddigalondid, am nad oes budd nag elw yn y cyfryw
> arferiad, felly mae pawb yn hwyrf[r]ydig ag yn llaesu eu dwylaw
> rhag adeiladu hard[d]u na chynnorthwyo i helaethu terfynau yr
> hen Iaith Gymraeg, ac yn awr yr ym ni yr ychydig frodorion sydd
> yma, yn eich Cyfarchu ac yn Credu fod ynoch ryw weddillion o
> ysbryd y Frawdoliaeth. Dymunem eich Rhadferthwch os byddwch
> gystal a chyflwyno i ni ryw anrheg fechan, o wllys da i rai sy'n
> ceisio croppian ar ol ein mam-Iaith sef Iaith ein mamau. Fe allai y
> deuwn i gerdded bob yn ychydig, canys at ryw Deganau y twyllir
> plant i ddysgu cerdded. pe gwelem ninnau o'n blaenau ryw Gerf-
> ddelw byddai ymdrech ag ymorchesty mawr am dani.[35]

Pe gellid adfer ffydd a hyder y beirdd gwlad, y mae Jonathan yn darogan
dyfodol llewyrchus i'r eisteddfod, ac i'r grefft o farddoni yn gyffredinol:

> gan i ni ddechreu'n Llangollen dadebrodd Corwen, a mannau
> eraill, a phwy ŵyr na fydd cynnydd ychwaneg yn ein Taleithiau,
> canys mae amryw o wyr enwog yn Sir Feirionydd yn Ewyllysgar i
> gynal yr achos hwn i fynu.[36]

Cytunodd y Gwyneddigion i gefnogi cais Jonathan a chynhaliwyd dwy
eisteddfod y flwyddyn honno yng Nghorwen a'r Bala. Daeth Jonathan
Hughes ei hun yn agos at y brig yng nghystadleuaeth y gadair yng Nghor-
wen ond ni allai'r beirniaid lleol benderfynu ai Jonathan Hughes, Twm o'r
Nant neu Gwallter Mechain a haeddai'r brif wobr. Gyrrwyd eu cerddi i
Lundain er mwyn i'r Gwyneddigion eu hunain ddethol y bardd buddugol.
Barnwyd nad oedd gwaith Jonathan o'r un safon â'r ddau gystadleuydd

arall ac yn y pen draw Gwallter Mechain a gadeiriwyd, er i hynny achosi cryn anfodlonrwydd i Twm o'r Nant a'i gefnogwyr.

Thomas Jones, yr 'ecseismon' o Gorwen, a gysylltir yn bennaf â sefydlu a threfnu Eisteddfodau'r Gwyneddigion o 1789 ymlaen, ond dylid cydnabod mai ymdrechion Jonathan Hughes a oedd yn gyfrifol am ysgogi diddordeb Thomas Jones yn nyfodol yr eisteddfod.[37] Yn wir, gan mai llythyr Jonathan at y Gwyneddigion a'u cymhellodd hwy i gyfrannu at adferiad yr eisteddfod yn y lle cyntaf, honnodd Daniel Williams, awdur *Beirdd y Gofeb*, mai Bardd Pengwern oedd tad yr eisteddfod fodern.[38]

Er ei gyfraniad i ddatblygiad yr eisteddfod fel gŵyl genedlaethol, ni chaiff Jonathan Hughes ei gyfri'n fardd eisteddfodol o bwys. Ni chafodd fawr o lwyddiant yn canu ar y pynciau haniaethol a gwleidyddol a osodid gan y Gwyneddigion o 1789 ymlaen: llawer gwell ganddo oedd canu am ei gynefin a'i gydnabod. Wedi'r cyfan, rhaid cofio mai Bardd Pengwern oedd Jonathan Hughes, yn anad dim. Y mae ei awen gryfaf pan gân am bynciau a oedd yn berthnasol i fywydau beunyddiol ei gymdogion yn nyffryn Llangollen. Dyma fro amaethyddol a chanddi ganolfan fasnachol bwysig ar lan afon Dyfrdwy, man cyfarfod bywiog ar ddiwrnod ffair a marchnad a gorffwysfa ar gyfer teithwyr rhwng Llundain a Chaergybi. Ymddiddorai pobl yr ardal yn y newyddion diweddaraf a gludwyd gan deithwyr o Loegr a'r Cyfandir, ac yr oedd ganddynt hefyd ddiddordeb mewn hanesion lleol, marwnadau a cherddi serch cellweirus. Adlewyrchir rhychwant eu diddordebau yn yr ystod eang o bynciau y canai Jonathan Hughes amdanynt.

Ond prif thema barddoniaeth Jonathan Hughes yw crefydd. Wedi'r cyfan, byddai patrwm bywyd ei gymdogion yn cylchdroi o amgylch defod a gŵyl y calendr eglwysig, ac un o swyddogaethau pennaf Jonathan Hughes fel bardd gwlad oedd darparu carolau i'w canu i ddathlu'r achlysuron hynny. Y mae *Bardd a Byrddau* yn cynnwys 43 o garolau, ac y mae o leiaf chwech arall i'w cael mewn llawysgrifau ac almanaciau. Cyfansoddodd garolau plygain yn bennaf, yn ogystal â charolau i'w canu ar ddydd yr Enwaediad a Chalan Mai. Natur yr ŵyl dan sylw a fyddai'n pennu cynnwys y carolau. Dros gyfnod y Nadolig, er enghraifft, pwysleisid perthnasedd geni Crist a'r cyfamod newydd i'r bywyd cyfoes ac ar ddydd yr Enwaediad, cyfeirid at enwaediad Crist wyth niwrnod wedi'i eni, yn unol â'r grefydd Iddewig. Fodd bynnag, dangosid i Grist ddiddymu'r ddefod honno, ac mai 'Enwaediad ysbryd Duw ei hun, / Dirgelwch dyn y

galon' oedd bellach yn angenrheidiol, 'nid enwaediad yn y cnawd'.[39]
Wrth ddathlu Calan Mai, canai'r bardd garolau difrifol i atgoffa'r bobl am
yr egwyddorion crefyddol a âi yn aml i'r gwynt yn ystod yr ŵyl afieithus
honno. Yn ogystal, byddai clybiau elusennol yr ardal yn comisiynu beirdd
gwlad i'w cyfarch ar gân, ac y mae gan Jonathan Hughes nifer o 'garolau
clwb' a gyfansoddwyd i'r perwyl hwnnw.

Yr oedd i'r holl garolau hyn swyddogaeth ddidactig amlwg. Er gwaethaf
pryder rhai clerigwyr y rhoddid mwy o bwys ar ganu nac ar addoli syber
yn ystod gwasanaethau'r plygain, byddai'r carolau'n cynnwys 'tipyn o
athrawiaethu a llawer iawn o gynghori ac annog', ys dywed Enid P.
Roberts.[40] Cyflwyno hanesion a dysgeidiaeth y Beibl i gynulleidfa anllyth-
rennog oedd pennaf swyddogaeth carolau Jonathan Hughes yntau, ac y
mae ei arddull rydd gynganeddol yn efelychu arddull canu carolaidd y
cyfnod. Ond mae Jonathan am sicrhau nad ailadrodd confensiynau'r
garol a wna yn ei gerddi, ond cyflwyno neges ystyrlon i'w gynulleidfa.

Y mae, er enghraifft, yn aml yn ymwrthod â'r ddyfais gyffredin a welid
ar derfyn carolau plygain, sef mydryddu oedran Crist ac offrymu gweddi
dros yr Eglwys a'r brenin. Unwaith yn unig y mae'n gofyn i Dduw 'gadw
ein brenin ethol',[41] ac un garol ar ddeg yn unig sy'n cloi drwy rifo oedran
Crist. Nid oedd ganddo fawr o amynedd â chonfensiynau fformiwlaig o'r
fath: 'Chwi wyddoch oedran Crist yn hysbys,/ Nid rhaid mo'i adrodd yn
gyhoeddus,' meddai wrth gloi un garol.[42] Yn hytrach, drwy beidio â gor-
ddibynnu ar gonfensiynau, gobaith amlwg y bardd yw y gall ei garolau
ysgogi'r gwrandawyr i archwilio eu cyflwr ysbrydol. O ganlyniad, y mae
cynnwys carolau Jonathan Hughes yn cyflwyno tystiolaeth ddiddorol iawn
ynghylch ei argyhoeddiad Cristnogol a'i agwedd tuag at yr Eglwys Wladol
a chynyrfiadau crefyddol y cyfnod.

Eglwyswr oedd Jonathan Hughes, fel y rhan fwyaf o garolwyr y ddeu-
nawfed ganrif.[43] Fe'i gwelwn yn delweddu'r Eglwys fel 'Priodas ferch
paradwys' a chorff Crist, 'A Christ yw'r pen, a'i gorff di-frych/Yw'r eglwys
wych gatholig';[44] eto, prin yw disgrifiadau o'r fath, ac nid oes yma fawl
dihysbydd i'r 'hen Eglwys Loeger', chwedl Huw Morys gynt.[45] Cwynai, er
enghraifft, am annuwioldeb yr eglwyswyr a'u hymddygiad anwaraidd ar
ddyddiau gŵyl:

> Y fath lun: Sy ar eglwys Duw ei hun,
> Cynifer aelod sy'n dilyn meddwdod,

Trachwantau pechod, drwg dafod gormod gwŷn,
Fel mwg y pwll diwaelod, yn dyfod o fewn dyn. [46]

Nid oedd beirniadaeth o'r fath, wrth gwrs, yn anghyffredin. Yn 1663
gwelwyd Edward Morris yn erfyn ar ei gynulleidfa i beidio â'r gloddesta
traddodiadol ar ddydd gŵyl:

Gwiliwn gam-arfer, llawenydd yr Amser,
Mewn gwagedd mor ofer, mawr ofid yw'r Gwaith,
Nid amlder o seigiau, a newid Diodau,
Ond ffyddlon Galonnau, gwiwlan waith.[47]

Ond nid ymddygiad anystywallt achlysurol yr aelodau yn unig a boenai
Jonathan Hughes, eithr cyflwr yr Eglwys ei hun:

Dig ag anghymdogaeth,
Bryd oeredd a bradwriaeth,
Ag anghrediniaeth syniaeth sal,
Anghariad twyll a ffalster,
Sy'n llygru eglwys lloegr,
I'w dwyn yn biler i dy *Baal*.[48]

Yr oedd nifer helaeth o eglwyswyr selog yn cydnabod bod angen
diwygio oddi mewn i'r Eglwys. Bwriad *Rheol Buchedd Santcaidd* (1701),
cyfieithiad yr offeiriad Ellis Wynne o'r gyfrol ddefosiynol *The Rule and
Exercises of Holy Living* gan Jeremy Taylor, er enghraifft, oedd ceisio
gwella cyflwr yr Eglwys drwy ddiwygio moesau ei haelodau. Gellid, felly,
ddadlau bod Jonathan Hughes yn eglwyswr triw a oedd yn effro i wen-
didau'r sefydliad ac a oedd, megis Ellis Wynne, am annog y plwyfolion i
ddilyn buchedd lanach. Er enghraifft, gwelwn Fardd Pengwern yn pwyso
ar ei gynulleidfa i beidio â dilyn defodau'r Eglwys yn ddifeddwl:

Cyffesu wnawn fore, prynhawn,
Yn grŷf iawn o grefydd,
Adrodd geirie ar ol darllennydd,
Braf eu dawn heb brofi eu deunydd.[49]

Fodd bynnag, megis Griffith Jones, Llanddowror, a weithiodd mor ddiflino er mwyn diwygio'r Eglwys ac addysgu'r Cymry, yr oedd Jonathan Hughes hefyd yn effro i ddadleuon a syniadaeth mudiadau anghydffurfiol y ddeunawfed ganrif, ac yn arbennig i'r mudiad Methodistaidd. Yn wir, awgryma tystiolaeth ei garolau iddo fynd gam ymhellach na'r rhan fwyaf o Anglicaniaid ei ddydd a choleddu rhai o syniadau'r diwygwyr Methodistaidd cynnar, fel ag y gwnaeth Twm o'r Nant yntau.[50]

Nodwedd amlycaf y dylanwad Methodistaidd ar Jonathan Hughes yw ei bwyslais cyson ar adnabyddiaeth bersonol o Grist. Cerddi naratif yn adrodd hanes geni Crist oedd carolau plygain y ddeunawfed ganrif ar y cyfan, megis y garol gan Richard Parry a argraffwyd yn *Blodeu-gerdd Cymry* (1759).[51] Ond nid ailadrodd yr hanes yn unig a wna Jonathan Hughes, eithr pwysleisio bod angen adnabod Crist yn bersonol:

> Nid sôn am Grist sy'n tyccio,
> Nid canu a thiwnio i'w gofio gynt,
> Nage, nage, awn atto fe,
> 'N lle adrodd geirie gwynt.[52]

Y galon yw canolbwynt y berthynas hon; 'Yn nirgel ddyn y galon'[53] y mae Crist yn trigo ac amcan Jonathan Hughes, megis y Methodistiaid, yw ysgogi ei gynulleidfa i dderbyn Crist i'w calonnau:

> Ag onid yw fe'n byw'n ein mynwes,
> Ofer grefydd ofer broffes,
> Mae'r galon hebddo'n berth o ddryswch,
> llawn o niwl yn llwyn anialwch.[54]

Er mwyn derbyn Crist, 'mae'n rhaid ein geni o newydd'[55] a chadarnhau'r profiad ysbrydol drwy archwilio'r galon:

> Pob un: a ddylai ei holi ei hun,
> Beth yw ei galon, a'i annedd dirion,
> I'r Arglwydd cyfion,
> A'i Mammon sy ynddi ynglyn?[56]

Dyma nodweddion sy'n amlygu dylanwad syniadaeth Fethodistaidd ynghylch ailenedigaeth a hunanymholi.[57] Fodd bynnag, gellir dadlau i syniadau diwinyddol y Piwritan Morgan Llwyd, yn ogystal â'r Methodistiaid, ynghylch y galon a'r bywyd ysbrydol mewnol hefyd ddylanwadu ar Fardd Pengwern.

Rhoddai Morgan Llwyd (1616-59) flaenoriaeth i ddatguddiad Duw ohono ei hun yn y gydwybod a'r galon, yn hytrach nag yn yr ysgrythurau, er mwyn 'brwydro'n erbyn y dybiaeth mai credu pen a derbyn llythrennol anysbrydol oedd calon Cristnogaeth', yn ôl R. M. Jones.[58] Credai fod yn rhaid wrth brofiad mewnol, personol er mwyn bywiocáu'r hyn a nodwyd yn yr ysgrythurau, syniad a adleisir gan Jonathan Hughes wrth iddo ddangos bod angen i'r dystiolaeth ysgrifenedig gael ei hadlewyrchu a'i phrofi yn y gydwybod a'r galon:

> Gall, gall: fod genym wydd o'r wir ddi wall,
> A'r bapurun heb ddim pall,
> I'w deall yma'n dêg,
> Nid ym ni haws er dim wna hon,
> Heb wyddor briod yn ein bron,
> A atteba i lais cydwybod lon,
> I gilio'r dwyll o'r galon donn,
> Wrth ei phwys a nerth ei ffon,
> Gwnae hon gyfiawnder hyd ei bedd,
> Heb wyrni o hyd a barn a hedd.[59]

Pwysleisiai Morgan Llwyd, hefyd, mai yn y gydwybod y mae Duw yn barnu dyn, syniad a ddelweddir trwy drosiad enwog y 'gwreiddyn a'r gwaelod'.[60] Y mae Jonathan Hughes, o bosibl, yn dilyn yr un syniadaeth pan ddywed, 'Mae dydd y farn yn y gydwybod,/A'r Barnwr yno yn gwilio ei gwaelod.'[61] Yn ogystal, y mae'r ddau lenor yn manylu ar y rhwystrau sy'n atal rhai rhag gwrando ar eu cydwybod ac archwilio eu calonnau. Yn rhyddiaith Morgan Llwyd ac ym marddoniaeth Jonathan Hughes, diriaethir y rhwystrau hynny fel synau bydol a phleserau cnawdol sy'n temtio dyn. Yn y pennill hwn, sy'n rhan o garol i annerch clwb lleol, dywed Jonathan Hughes fod y galon megis marchnad neu ffair:

Chwant y cnawd a chwant y llygad,
Sydd yma ag accw'n cadw marchnad,
Pleser maswedd, anifeiledd,
Yw'r ffoledd sy yn eu ffair.[62]

Yn *Llyfr y Tri Aderyn*, mae Morgan Llwyd yntau'n defnyddio'r un tros-iadau i gyfleu'r prysurdeb a'r twrw oddi mewn i ddyn:

Mae llawer o leisiau yng nghalon dyn. Mae sŵn y byd a'i newydd-ion, a'i drafferthion, a'i bleserau, a'i ddychryniadau. Mae hefyd o'r tu fewn i stafell y galon sŵn meddyliau, ac annhymerau, a llanw a thrai cnawd a gwaed. Ac fel hyn y mae'r enaid truan (fel llety'r meddwon) yn llawn dwndwr oddi fewn, y naill chwant yn ym-goethi â'r llall, neu fel ffair neu farchnad fawr lle y mae trwst a siarad a bloddest yn llenwi heolydd y dref oddi fewn.[63]

Nid oes tystiolaeth i gadarnhau dylanwad uniongyrchol Morgan Llwyd ar Jonathan Hughes, ond y mae'r pwyslais ar grefydd y galon a'r gyd-wybod wedi arwain sawl un i geisio cysylltu bardd Pengwern â'r Crynwyr, mudiad a gysylltwyd â Morgan Llwyd yntau.[64] Yn sicr magwyd Jonathan Hughes mewn bro a chanddi gyswllt clòs â Chymdeithas y Cyfeillion. Bu ardal Wrecsam yn gadarnle i'r Crynwyr er y cyfarfod Cymreig cyntaf a gynhaliwyd yng nghartref y Crynwr mawr John ap John yn Rhiwabon yn 1653, gŵr a fagwyd ym Mhlas Efa, nid nepell o dyddyn Jonathan Hughes. At hynny, daeth rhai o ddisgynyddion Jonathan Hughes yn Grynwyr amlwg yn ystod y bedwaredd ganrif ar bymtheg gan gynnwys gor-ŵyr iddo, sef William Jones (1826-99), olynydd Henry Richard yn Ysgrifennydd y Gymdeithas Heddwch.

Nid oes prawf, fodd bynnag, fod Jonathan Hughes ei hun yn Grynwr, ac er gwaethaf apêl y Methodistiaid, nid ymunodd â'r mudiad hwnnw ychwaith. Yn wir, y mae rhai o'i syniadau crefyddol yn bur wahanol i syniadau'r rhan fwyaf o Fethodistiaid Cymreig y ddeunawfed ganrif. Er enghraifft, y mae awgrym nad oedd Jonathan Hughes yn derbyn yr etholedigaeth Galfinaidd a goleddwyd gan rai megis William Williams, Pantycelyn.[65] Sylwer ar y pennill hwn gan Jonathan Hughes sy'n mynnu bod y 'gannwyll' gan bob dyn byw, a bod elfen o ddewis gan yr unigolyn i dderbyn y goleuni, sef cariad Duw, ai peidio:

A'r gannwyll sydd gan bob dŷn byw,
Hon yw gair Duw i'w dywys,
A'r lamp i gario'r goleu heb gudd,
Yw'r galon brudd alarus,
A'r olew sy'n cynne hôff eglur yn ffagle,
Yw grâs a rhinwedde, ysbrydol synhwyre,
Meddylie'n troi eu gore at drugaredd,
O's cymrwn ni'n ddifri yr olew a'r eli,
Nid allwn ni golli, mo ffordd y goleuni,
Awn drwyddi rhoed inni'n rhad annedd.[66]

Eto, yn y dyfyniad isod, awgryma'r bardd nad yw ein hachubiaeth wedi ei rhagordeinio a bod gan ddyn ewyllys rydd i'w derbyn neu ei gwrthod:

Mae'n rhaid i'r ail ddyn yma,
Gael lle'r dyn cynta'n llwyr,
Os gallwn ni 'mwahanu, a'n priod cynta a'i wadu,
A hynny cyn rhy hwyr,
Hwn yw mab wasnaeth-ferch,
I'w gyfri megys ordderch yma sydd
. . .
Mae fe wrth y drws yn curo,
Ar yr enaid swrth i ddeffro,
Gwrandawn agorwn iddo goreu nawdd.[67]

Y mae modd dadlau nad oedd Morgan Llwyd ychwaith yn credu mewn etholedigaeth a bod datganiadau Jonathan Hughes yn amlygu dylanwad pellach awdur *Llyfr y Tri Aderyn* ar Fardd Pengwern.[68] Dichon hefyd mai adlewyrchu syniadaeth yr Arminiaid ynglŷn ag ewyllys rydd a wnâi Jonathan Hughes. Rhaid cofio nad Calfiniaid oedd holl Fethodistiaid y ddeunawfed ganrif, a bod dilynwyr John Wesley yn Arminiaid. Cymharol ychydig o ddylanwad a gafodd y Methodistiaid Wesleaidd yng Nghymru yn y ddeunawfed ganrif, ond un o'r ardaloedd lle y cawsant fwyaf o ddylanwad oedd gogledd-ddwyrain Cymru, ardal Jonathan Hughes. Yn y 1760au, sefydlwyd achosion yn yr Wyddgrug, Caergwrle, Wrecsam a Gresffordd ac y mae tystiolaeth i'r Wesleaid bregethu yn Llangollen yn y cyfnod hwn,[69] cyn i achos gael ei sefydlu yno yn 1808 gyda 540 o aelodau.[70]

Fodd bynnag, dylid cofio hefyd bod safbwynt llawer o Anglicaniaid y
cyfnod yn Arminaidd.[71] Hynny yw, yr oedd nifer o eglwyswyr y ddeu-
nawfed ganrif hefyd yn derbyn bod gan ddyn ewyllys rydd i dderbyn neu
wrthod achubiaeth Duw ac felly y mae'n bosibl mai enghraifft o safbwynt
Anglicanaidd Jonathan Hughes yw ei ddatganiadau ynghylch dewis neu
wrthod achubiaeth.

Nid tasg hawdd yw olrhain ffynhonnell delweddaeth a syniadaeth gref-
yddol Jonathan Hughes gan nad yw'r ffiniau rhwng agweddau'r Anglican-
iaid, y Methodistiaid a'r enwadau anghydffurfiol yn eglur ar bob achlysur.
Y mae hynny'n arbennig o wir pan ystyriwn ddisgrifiadau manwl y bardd
o ddioddefaint Crist ar y groes:

> Ystyriwn ddynion hyn yn ddwys,
> Mai baich a phwys ein pechod,
> Oedd ymdrech Crist a'i waedlyd chwys,
> Lafurus boenus benod,
> Ei borphor wisg euogrwydd yw,
> Du ebwch liw'n cydwybod,
> A'n rhagrith oedd y bustul pur,
> Ar gwppan sur a'r sorod,
> A'r goron fawr ddreiniog,
> A'r waywffon finiog, ar h[o]elion dur llidiog,
> Yw'n gwynniau afrywiog,
> Fu'n rhwygo'r Duw enwog da union.[72]

Ai dylanwad defosiwn Anglicanaidd a welir yma, ynteu ddylanwad pwys-
lais y Morafiaid ar ddioddefaint corfforol Crist? Ni sefydlodd Morafiaeth
gadarnle yn y Gogledd yn y ddeunawfed ganrif, ond anfonwyd cenhadon
i Ddyffryn Clwyd o Fryste o 1757 ymlaen, ac y mae tystiolaeth i un
ohonynt, Edward Oliver, bregethu i hanner cant o bobl mewn tŷ yn
Llangollen yn 1767.[73] Ymhellach, yr oedd gan Marged Dafydd, Coedcae-
du a Dafydd Ddu Eryri, a oedd yn gyfaill i Jonathan Hughes, gysyllt-
iadau â'r enwad.[74] Fodd bynnag, os oes dylanwad Morafaidd ar y pennill
uchod, y mae'n annhebygol mai trwy gyfrwng ei gyfaill y daeth Bardd
Pengwern i gysylltiad â syniadau'r enwad, gan fod y pennill yn rhan o
garol blygain ar gyfer 1750, naw mlynedd cyn geni Dafydd Ddu Eryri.

Yn hytrach, y mae'n fwy tebygol mai drwy gyfrwng y Methodistiaid y byddai Jonathan Hughes wedi dysgu am syniadaeth y Morafiaid. Dadleuon ynghylch Morafiaeth a fu'n rhannol gyfrifol am y rhwyg rhwng Howel Harris a Daniel Rowland yn 1750,[75] ac y mae'n bosibl mai'r arlliw Forafaidd ar rai o emynau Pantycelyn, gyda'u pwyslais ar y dwyfol waed, tyllau'r hoelion a'r archoll yn yr ystlys,[76] a roes liw i ddisgrifiadau gwaedlyd Jonathan Hughes. Y mae'r pennill blaenorol, er enghraifft, â'i bwyslais ar y goron ddrain, y waywffon a'r hoelion yn ymdebygu i'r emyn hwn gan William Williams, Pantycelyn:

> Fy meiau trymion, luoedd maith,
> A waeddodd tua'r nen,
> A thyna pam 'r oedd rhaid i'n Duw
> I ddyoddef ar y pren.
>
> Hwy dy fradychodd, anwyl Oen,
> Hwy oedd y goron ddrain;
> Hwy oedd y fflangell greulon, gref,
> Hwy oedd yr hoelion main.
>
> Fy meiau oedd y waewffon
> Drywanodd ei ystlys bur;
> Fel rhedodd ffrwd o dan ei fron
> O waed a dyfroedd clir.[77]

Ond er y dylanwadau posibl o du'r Piwritaniaid, y Methodistiaid a'r Morafiaid, y mae awgrym yma a thraw yn ei garolau nad oedd gan Jonathan Hughes ei hun fawr o amynedd ag ymgecru sectyddol, a'i fod yn pwysleisio ei ymlyniad wrth yr Eglwys Wladol:

> Mae llawer o 'mrysone,
> A swn am gau grefydde,
> Ag aml opiniwne, a phleidie, sectie sydd,
> Heb ddim ond un ffordd gymwys,
> I fyned i Baradwys,
> Un bedydd ag un Eglwys,
> Hoff weddus ag un ffydd.

Nid eiff na Phrotestanied,
Na Rowndied na Chwacceried,
Papistied, Methodistied,
Er maint eu lludded llawn,
Na neb i'r ddinas nefol,
Wrth enw eu plaid neillduol,
Heb galon edifeirol, fucheddol dduwiol ddawn.[78]

Ar brydiau, y mae o bosibl yn anelu ambell ergyd i gyfeiriad y Methodist-iaid yn benodol. Er enghraifft, wrth fynnu nad 'sect . . . na phlwy na phlaid,/Nag un opiniwn uchel naid,/Nid parti o bobl hudol haid' yw 'defaid ufudd' yr Arglwydd,[79] a yw'n adleisio arfer gwrthwynebwyr y Methodistiaid o'u galw'n 'neidwyr' a oedd yn 'hudo' cynulleidfaoedd atynt?[80] Yn ogystal, y mae'n bosibl mai beirniadu brwdaniaeth y Methodist-iaid a wna wrth sôn am bregethu gwresog, disylwedd, 'I'n mawr wellhau ni wna'n mo'r lles,/Pregethu gwraidd y gair mewn gwres'.[81]

Ond er yr awgrym hwn, ymddengys nad oedd pregethau offeiriaid yr Eglwys Wladol wrth fodd Jonathan Hughes ychwaith. Nid yw'n cyfeirio'n benodol at unrhyw wendidau yn y ddarpariaeth leol yn Llangollen, ond y mae'r ffaith nad oedd ef ei hun yn mynychu gwasanaethau'r Sul yn selog yn awgrymu nad oedd yn eglwyswr brwd, wedi'r cyfan. Cyfeiria Charles Ashton at farn yr hynafiaethydd William Jones (Bleddyn) na pherthynai Jonathan Hughes i unrhyw enwad o grefyddwyr, 'Profir hynny oddiwrth y ffaith y byddai yn arferol o fyned i'r fynwent, ond nid elai byth i'r eglwys, mewn claddedigaeth, ac ni fyddai, ychwaith, byth yn myned tufewn i furiau capel.'[82] Nid oedd yn fodlon ymroi yn llwyr i'r Eglwys Wladol ar y naill law, nac i achos y Methodistiaid a'r anghydffurfwyr ar y llall.

Fodd bynnag, yr oedd Bardd Pengwern yn Gristion cwbl ymroddedig. Meddai Charles Ashton eto, 'yr oedd yn dra chrefyddol yn ei ffordd ei hun, a chanodd lawer o garolau, ac y mae ei ddyrifau, amryw o'r rhai a gyhoeddwyd yn y ffurf faledawl, yn llawer mwy Ysgrythurol nag eiddo Hugh Jones, o Langwm, a'i ysgol.'[83] Yn ogystal, mewn llythyr o Phila-delphia yn 1879, tystiodd Joseph Hughes, un o ddisgynyddion Jonathan Hughes, i grefyddoldeb ei daid, 'Mae y carolau yn arddangos teimladau a phrofiad y gwir Gristion ac yn eithaf teilwng o dderbyniad lle bynag yr elent[.] [Y]r oedd yspryd addfwyn efengylaidd yn treiddio trwy holl

fywyd fy anwyl daid yn enwedig tua diwedd ei ymdaith ddaearol – Cefais
lawer o fuddioldeb lawer tro tra yn gwrando ar fy mam yn traethu ei
chofion am ddywediadau a gweithrediadau yr hen wr llwyd or gornel.'[84]

Nid yw cerddi a phapurau Jonathan Hughes a'i deulu yn awgrymu
pam nad oedd ef yn mynychu gwasanaethau'r Eglwys yn rheolaidd. Ni
cheir ganddo'r feirniadaeth lem ar yr offeiriaid ag a gafwyd gan Twm o'r
Nant, a oedd fel Jonathan ei hun, yn cael ei dynnu at y Methodistiaid.[85]
Nid yw ychwaith yn ymdebygu i'r beirdd gwlad hynny, megis Harri Parri,
Craig-y-gath, a glodforai'r Eglwys ar y naill law, a chollfarnu'r Ymneilltu-
wyr, yn arbennig y Methodistiaid, ar y llall.[86] Yn hytrach, y mae carolau a
cherddi crefyddol Jonathan Hughes yn brawf o ddylanwad syniadaeth yr
Anglicaniaid, y Methodistiaid a'r Morafiaid fel ei gilydd. Ni allodd
ymryddhau o afael yr Eglwys Wladol, ac ni allai ychwaith roi ei ffydd
mewn unrhyw sect. Fodd bynnag, yr oedd yn ŵr o argyhoeddiad Crist-
nogol cadarn a'r berthynas rhwng y credadyn a Christ yn bwyslais canolog
ganddo. Fel y dengys y carolau a ddetholwyd yn y gyfrol hon, y mae
grym yr argyhoeddiad hwnnw, ynghyd â'i wybodaeth feiblaidd fanwl, yn
treiddio drwy ei waith.

Yn dilyn y cerddi crefyddol, cerddi ag iddynt acen gymdeithasol yw'r
rhan fwyaf o gerddi eraill Jonathan Hughes. Dengys testunau'r cerddi hyn
ei fod yn deall i'r dim swyddogaeth gymdeithasol barddoniaeth a'i fod yn
ymwybodol ei fod yn cynnal rhai o ddyletswyddau traddodiadol y bardd
gwlad drwy ganu cerddi mawl, marwnad, gofyn a diolch. Yn yr un modd
â'i ragflaenwyr barddol yn yr Oesoedd Canol, canodd gerddi i annerch
rhai o wŷr mawr yr ardal, megis Syr Thomas Mostyn ac Ysgweier Miltwn,
Castell y Waun pan oeddynt yn dathlu eu penblwyddi yn 21 oed, a
chanodd farwnadau i John Jones, 'uchelwr parchedig a chanmoladwy o
Dref Ceiriog' a John Edwards, Pen-y-bryn, noddwr Eisteddfod Llangollen
1789.[87]

Ond nid efelychu gwaith y Cywyddwyr a wnâi. Yn hytrach na chanu
yn y mesurau caeth, mae mwyafrif cerddi cymdeithasol Jonathan Hughes
yn null y canu rhydd cynganeddol poblogaidd, a chan amlaf, canu i'r
mân fonheddwr, y crefftwr a'r dyn cyffredin a wna yn hytrach nag i'r
uchelwr cefnog. Dyma enghraifft o'r 'gwerineiddio' a ddaeth i ran bardd-
oniaeth Gymraeg y cyfnod modern cynnar, sef yr arfer o ddefnyddio rhai
o *genres* beirdd proffesiynol yr Oesoedd Canol i ymateb i anghenion y
werin bobl, a hynny am nad oedd y tirfeddianwyr cyfoethog bellach yn

noddi'r beirdd.[88] Yr oedd bwlch cynyddol i'w weld rhwng y tirfeddianwyr Cymreig a'u diwylliant brodorol a sylwodd y Fonesig Eleanor Butler, hyd yn oed, ar absenoldeb gwŷr bonheddig ardal Wrecsam yn ei dyddiadur:

> Tuesday, November 3rd. – The civilest of all tradespeople Woolham called here this evening. Alas, to no purpose. He mentioned the great alteration the absence of so many families who have deserted the neighbourhood has occasioned at Wrexham. Mr York of Erddig coming only for a month to Erddig. The present Sir W. W. Wynne not to come to Wynnstay till he is of age. Bryn-y-pys empty. Mr Wynne leaving the Country and settling at Hampstead. Sir Foster Cunliffe to spend the winter in Scotland.[89]

Nid y gwŷr estron hyn a wasanaethai Jonathan Hughes, eithr yn ei farddoniaeth deuwn i adnabod teuluoedd lleol Dolfawr, Plas Ucha a Bryn Howel, crefftwyr megis Edward Mathews y naddwr cerrig a Humphrey Jones y saer, a thlodion megis Siôn Wmffre Lewis, gŵr gweddw 'a llawer o blant amddifaid ganddo'. Y farwnad a'r gerdd ofyn yw'r prif ffurfiau a ddefnyddia i wasanaethu'r trigolion hyn. Cyfansoddodd o leiaf 18 marwnad, a dewisodd gynnwys chwech o'r rheini yn *Bardd a Byrddau*. Coffáu pobl ifainc, neu bobl a fu farw cyn pryd mewn damweiniau a wna'r cerddi hyn ar y cyfan, pobl megis Thomas Prichard a fu farw mewn damwain pwll glo, Mary Philips o Dy'n y Rhos a fu farw o'r frech wen ac Edward Prys o Lanrhaeadr Dyffryn Clwyd 'gweinidog i Syr Richard Miltwn, yr hwn a gafodd farwolaeth ddi swtta yn y Castell, fel y damweiniodd i un o'r gweithwyr daflu ystyllen o le uchel yn ei ben ef; yr hyn a fu y flwyddyn 1764'.[90]

Diben marwnadau Jonathan Hughes yw mynegi arswyd a braw'r gymdeithas yn dilyn y marwolaethau annisgwyl a chynnig cysur i'r teulu, fel y dengys y farwnad i Elizabeth Griffiths, Bryn Howel (rhif 21). Yn ogystal â'r elfennau confensiynol a gysylltir â'r farwnad, sef moli'r meirw, cyfeirio at alar eu teuluoedd a deisyfu bendith arnynt, mae Jonathan Hughes hefyd yn athronyddu ar ddarfodedigaeth dyn. Myfyria ar freuder bywyd, pwysleisia bwysigrwydd dilyn buchedd lân a gwrthgyferbynia harddwch y meirwon ifainc â thristwch y profiad o'u colli. Y mae didwylledd a gwir dristwch yn perthyn i'r cerddi hyn, tristwch a ddwyséir gan alawon lleddf, megis 'Trymder' a 'Diniweidrwydd' a chan delynegrwydd syml y mynegiant.

Y mae cerddi gofyn Jonathan Hughes hefyd yn rhan hollbwysig o
arlwy'r bardd ac yn adlewyrchu'r 'gwerineiddio' a fu ar farddoniaeth
Gymraeg y ddeunawfed ganrif. Yn yr Oesoedd Canol, cenid cywyddau
gofyn ar ran uchelwyr cefnog, a byddid yn erchi gwrthrychau megis
meirch ac arfau. Yn aml, comisiynid y cerddi hyn gan noddwr y bardd,
ond gallai'r bardd hefyd ofyn rhodd drosto ei hunan, arfer a amlygai
natur freintiedig ei berthynas â'r uchelwyr. Ffrwyth amgylchiadau econom-
aidd yr Oesoedd Canol oedd y math hwn o ganu; yr oedd cyfnewid yn
egwyddor gymdeithasol hanfodol a allai sicrhau cyfeillgarwch a theyrn-
garwch rhwng uchelwyr a allasai'n hawdd fod wrth yddfau ei gilydd.
Wrth reswm, gyda'r newidiadau mawr a ddaeth i ran y gymdeithas a'r
gyfundrefn farddol erbyn diwedd yr Oesoedd Canol, rhaid oedd i'r *genre*
hwn addasu i'r oes newydd neu ddarfod amdano.

Sylwodd Bleddyn Owen Huws ar y newid a ddaeth i'r *genre* yn y cyfnod
modern cynnar:

> Gwelir oddi wrth y math o wrthrychau a erchid ei fod bellach yn
> ganu'r werin, oblegid gelwid a diolchid am bethau y gofynnai pobl
> amdanynt at eu gorchwylion: pren plaen, gordd goed . . . ffon . . .
> botymau . . .[91]

Gofynnodd Jonathan Hughes, er enghraifft, i Mr Pyw o'r Tŷ Gwyn yn Iâl
am bais 'yr hon a eilw'r Sais, Coat' ar gyfer Ellis Wynne 'dyn tlawd yn
byw yn Wrexham'; ceisiodd delyn i Morris Williams y telynor; aeth ar
ofyn Mr Llwyd o Ben-y-lan am ful i Peter Davies o'r Eglwysegle; galwodd
ar y gymdogaeth i gynorthwyo Robert Jones y gof i adeiladu tŷ a gofynnodd
am faen hogi i Ned y gof gan ei gwsmeriaid (rhif 17).[92]

Amrywiad ar y *genre* hwn o ganu oedd cerddi 'i ofyn hela' neu
'wahoddiad i hela'. Yn y cerddi hyn byddai Jonathan Hughes yn cyflwyno
gwahoddiad agored i fonedd a gwreng y fro ymgasglu ynghyd i hela er
budd un o deuluoedd anghenus yr ardal. Y mae cerdd rhif 16 yn cynnwys
nifer o fanylion dadlennol ynghylch yr arfer. Ynddi, y mae Jonathan yn
anfon ei neges, o bosibl ar ffurf llythyr ysgrifenedig, at bob amaethwr
cefnog yn yr ardal, ond y mae hefyd yn annerch y crefftwyr a'r gweithiwyr
lleol i ddod i gynorthwyo Sara'r weddw dlawd.

Y dyddiad a bennid ar gyfer yr helfa arbennig hon oedd 'hen ŵyl
Mihangel' a cheir disgrifiad manwl o drefn yr achlysur. Y cam cyntaf oedd

ceisio annog pawb i ymuno â'r helfa, a cheisiodd y bardd ddenu'r gwŷr ynghyd drwy sôn am y math o anifeiliaid y gellid eu hela; cyfeiriodd at hela ceinach, cadno, pryf brych a choedhwch. Pwysleisiodd, hefyd, y croeso gwresog a gaent gan Sara'r wraig weddw; er gwaethaf ei hamgylchiadau tlodaidd, byddai'n sicr o ddarparu cinio da a digonedd o ddiod ar gyfer yr helwyr. Yn gyfnewid am y wledd a'r helfa, ymddengys y byddai disgwyl i'r gwŷr roi cyfraniad ariannol i'r wraig weddw oherwydd sylwer ar rybudd Jonathan yn y pumed pennill, 'A gwylied neb ddwad/Yn gauad ei gôd'.

Yr oedd elusengarwch yn egwyddor hollbwysig i Jonathan Hughes: y mae'r cerddi gofyn yn dyst i hynny, ac felly hefyd y carolau clwb (er enghraifft, rhif 13). Yn y carolau hynny, anogid yr aelodau i gyfrannu'n hael at y coffrau er mwyn cynnal tlodion yr ardal, ac ymddengys y defnyddid yr arian fel math o bolisi yswiriant i'r aelodau rhag damwain neu salwch. Dywed mewn un garol sydd i'w chael mewn llawysgrif:

> Clybbio arian yn yr un man i'r Gisdan heb fawr gost,
> Ceiff pawb i euddo ond galw amdano pan ddelo taro tost.[93]

Ymddengys mai bwriad Jonathan Hughes yn aml yw procio cydwybod y gynulleidfa â'i gerddi; cais ddwyn i gof eu dyletswyddau moesol a thynnu eu sylw at anghyfiawnderau cymdeithasol. Cwynodd ar blwyfolion Llangollen, er enghraifft, am adael i Simon Thomas gael ei garcharu yn Rhuthun oherwydd anghydfod a gododd yn y gymdogaeth o achos 'llwyth neu ddau o dail moch'.[94] Canodd hefyd gerdd chwerw iawn yn cwyno am y modd y cawsai tlodion plwyf Llanfair Dyffryn Clwyd eu trin gan yr awdurdodau (rhif 9).

Yn amlwg, yr oedd Jonathan Hughes yn barod iawn i godi'i lais i amddiffyn y difreintiedig a chredai yn ddiysgog mai difaterwch ac esgeulustod y dosbarth llywodraethol oedd bennaf cyfrifol am ddioddefaint y werin. Wedi'r cyfan, yr oedd yn y byd ddigon o adnoddau i fwydo pawb ar y ddaear:

> Mae'r byd, tir, môr a'u drysor drud,
> Yn gyflawn ddigon, i dorri anghenion,
> Yr holl drigolion a'r gwenion sy ynddo i gyd,
> Ai rannu fo'n gymhedrol,
> Ar dduwiol frawdol fryd.[95]

35

Gwelai Jonathan mai ariangarwch a thrachwant y cyfoethog a oedd yn peri nad yw'r adnoddau hyn yn cael eu rhannu'n deg ac y mae'n atgoffa'r bonedd mai ar gorn y tlodion yr oeddynt yn ymelwa. Gyda'u llafur rhad, y werin a gynhyrchai holl gyfoeth y gymdeithas, 'Oni bae fo tylodion man byrrion mewn byd,/Ni byddau bon'ddigion ond gweision ei gid,' meddai.[96]

Yn wir, credai Jonathan fod pob unigolyn yn gydradd, oherwydd trigai Crist yng nghalon pob un yn ddiwahân; 'A'r gannwyll sydd gan bob dŷn byw,' meddai mewn carol blygain.[97] Credai hefyd mai cydradd oedd gwryw a benyw. Mewn cân serch, er enghraifft (rhif 2), dywed mai un dyn a holltwyd yn ddau gan Dduw yw gwryw a benyw, a bod y 'ddau'r un ffunud,/Yn ddau anwylyd, un lendid ac un lun'. Cyfeirio at hanes creu Efa o asen Adda a wna yn y pennill hwn, hanes a ddefnyddid yn aml i gyfiawnhau trin y ferch fel bod eilradd. Ond y mae Jonathan Hughes yn adlewyrchu'r farn y crewyd Efa i fod yn gydymaith ac yn gymorth i Adda, ond nid yn forwyn ddarostyngedig:

> It asserts an affinity between the sexes but denies them equality and refuses either sex extreme superiority over the other.[98]

Ceir yr un syniad gan Williams Pantycelyn yn *Ductor Nuptiarum* pan drafoda Mary statws y wraig:

> Asgwrn o ŵr yw gwraig . . . Nid o'i ben y cymerwyd hi, fel na byddai gwraig gogyfuwch ag ef; ac nid o'i droed, fel na byddai gŵr wneud gormod o gaethforwyn o'i wraig, a'i diystyru; ond o asen tan ei fron, i ddangos bod gŵr i garu ei wraig, a'i chymryd fel y rhan mwya annwyl ohono ei hunan.[99]

Ac mewn cwynfan o blaid merched sy'n 'gaeth dan awdurdod meibion', y mae Twm o'r Nant yn ein hatgoffa mai o'r asen 'T[u] nesa . . . i galon dyn/O ganol y *Corph*' y crewyd Efa, a bod merched felly yn haeddu parch a chariad gan ddynion, nid sarhad.[100]

Nid creadigaeth isradd mo'r rhyw fenywaidd, felly, ac y mae Jonathan Hughes yn ymestyn y ddadl hon drwy honni nad trefn ddwyfol yw'r hierarchaeth gymdeithasol sy'n rhannu dynion yn dlawd a chyfoethog. 'Fe'n lluniwyd o'r un priddyn,/Yn fonedd a chyffredin,' meddai yn yr un gân serch. Crewyd pawb yn gydradd, felly, ond caiff cymdeithas ei rhwygo ar wahân gan bechod. Mewn cerdd yn gwahodd helwyr i gynorthwyo ei chwaer ei hun, a oedd yn wraig weddw dlawd, dywed y bardd:

> Duw a wnaeth: y byd fel union saeth,
> I gŷd yn wastad, yn ei ddechreuad,
> Heb ddim gwahaniad,
> Nes dwad ceidwad caeth,
> Sef pechod yn rheolwr,
> Can hwyliwr gweithiwr gwaeth.[101]

Y mae'r meddylfryd hwn yn wahanol i'r gred draddodiadol yng Nghadwyn Bod a arddelwyd gan Twm o'r Nant, er enghraifft. Dangosodd Saunders Lewis fod y gred hon yn hierarchaeth ddwyfol y ddynoliaeth yn sylfaen i draddodiad barddol Cymru'r Oesoedd Canol,[102] ac mai 'meddyliwr y tu mewn i gyfundrefn draddodiadol yr Oesoedd Canol yw Twm o'r Nant'.[103] Fel yr esbonia Rhiannon Ifans, rhan o'r athroniaeth a etifeddodd Twm oedd y gred yng Nghadwyn Bod:

> Credai fod graddfeydd arbennig o fodolaeth, hierarchaeth ag iddi ffurf a threfn benodol. Yr oedd pawb a phopeth wedi eu trefnu'n grwpiau o wahanol statws a phwysigrwydd, a chredai fod pob grŵp wedi ei osod y naill uwchben y llall yn ôl haeddiant a threfn a blaenoriaeth. Dyna gadwyn bod.[104]

Er nad yw Bardd Pengwern yn credu yng Nghadwyn Bod fel y cyfryw, y mae'n fodlon derbyn penarglwyddiaeth y brenin a'r bonedd yn yr un modd ag y mae'n fodlon derbyn penarglwyddiaeth yr Eglwys. Cyhyd ag y bo'r dosbarth llywodraethol yn ymddwyn yn gyfrifol tuag at eu deiliaid, y mae Jonathan yn barod i ymddarostwng iddynt. Y mae'r bonedd, er enghraifft, yn derbyn clod ganddo pan fônt yn driw i'w dyletswyddau cymdeithasol a diwylliannol traddodiadol. Yn y molawd priodas (rhif 20) a'r garol wyliau (rhif 10) pwysleisir y dylai'r bonedd fod yn hael a thrugarog, a'u drysau'n agored i feirdd. Y mae ambell gerdd ganddo'n cynnig moliant i'r brenin hefyd, ond ymddengys nad oedd mor frwd-frydig â'r beirdd eraill i ganu ei glodydd. Yr oedd Twm o'r Nant, er enghraifft, yn barod iawn i'w feirniadu am beidio â rhoi i'r frenhiniaeth glod haeddiannol.[105] Fodd bynnag, nid yw Jonathan am i neb awgrymu ei fod yn weriniaethwr, ac y mae'n ddigon parod i ymateb i honiad Twm, 'Cyduna a thi mewn seingar si,/I roi i'n Brenin fri'n ei fraint'.

Nid am y frenhiniaeth yn unig y dadleuai Jonathan Hughes a Twm o'r Nant; fe aeth hi'n ffrwgwd rhwng y ddau ar fwy nag un achlysur. Cawsant ddadl farddol ynglŷn â'r dreth a godwyd am fedyddio babanod ac ymddangosodd y cerddi mewn llyfrynnau baledi yn ystod chwarter olaf y ganrif.[106] Er y bu John Thomas Pentrefoelas a Dafydd Ddu Eryri hefyd yn rhan o'r drafodaeth farddol ar y dreth, rhwng Bardd Pengwern a Bardd y Nant y bu'r dadlau ffyrnicaf. Yr oedd codi treth ar fedyddio plant diniwed er mwyn ariannu'r rhyfel â Ffrainc yn ennyn atgasedd Jonathan Hughes, a sylweddolai mai'r tlodion a fyddai yn dioddef fwyaf yn sgil y 'budr elwa' hwn, 'Y meinion wan werinos;/Sy'n chwsu o'r ochos hyn.' 'Judas hyll' yw Twm o'r Nant, ym marn Bardd Pengwern, am iddo gyfiawnhau'r dreth. Etyb Twm holl gyhuddiadau Jonathan gan ddefnyddio enghreifftiau beiblaidd lu i gefnogi ei safbwynt. Cydnebydd fod achubiaeth yn rhad i bawb ac na ellir ei drethu, ond mater arall yw anghenion bydol, ac yn hynny o beth fe rydd ei holl ymddiriedaeth yn y 'llywodraeth berffaith sydd ben' i ofalu am ddyfodol y wlad a'i phobl.

O ystyried agwedd feirniadol Twm tuag at lywodraethwyr lleol yn ei anterliwtiau, efallai fod ei farn yn y cerddi hyn yn ymddangos yn anghyson. Ys dywed Emyr Wyn Jones:

> Yn rhyfedd ddigon, cefnogai Twm awdurdod 'y sefydliad' ac roedd o blaid treth o'r fath, ond awgrymai Charles Ashton mai'r hyn a barodd iddo gymryd yr agwedd hon oedd ei ddiffyg cyfeillgarwch tuag at y beirdd eraill, ac nid unrhyw argyhoeddiad o gyfiawnder y dreth.[107]

Y mae'n ddigon posibl, felly, mai cynnen bersonol rhwng Twm a Jonathan a gymhellodd Fardd y Nant i gefnogi'r dreth. Tynnai Twm nifer o'i gyfoeswyr i'w ben yn aml, ac nid oedd Jonathan Hughes yn eithriad. Byddent, yn sicr, yn adnabod ei gilydd yn dda – dyma ddau fardd gwlad a gymdeithasai â'r un criw barddol yn eisteddfodau a thafarndai'r gogleddddwyrain – ond y mae'n amlwg i'r ddau gael blas anghyffredin ar ymgecru â'i gilydd ar gân. Efallai iddynt fwynhau dadlau am iddynt weld yn y naill a'r llall wrthwynebydd barddol teilwng i ymryson ag ef. Sylwer, er enghraifft, ar yr hanesyn hwn yn disgrifio eu cyfarfyddiad cyntaf:

Aeth Twm i Langollen, ac yn Llangollen yr oedd Jonathan yn byw. Yr oedd Jonathan ar y pryd y daeth Twm yno yn lladd gwair mewn cae cyfagos. Pan ddeallodd rhyw un pwy oedd Twm, meddyliodd y buasai'n dda gan y brawd Jonathan gael tipyn o'i gyfeillach; a ffwrdd ag ef a'i wynt yn ei ddwrn i hysbysu Jonathan, ac iddo ei berswadio i ddyfod i'r Llan gael iddynt gael tipyn o ddigrifwch. Ond derbyniad oeraidd iawn roes Jonathan i'r rhedegwr hysbysol, ac ymaith a hwnw yn bur glust lipa wedi ei siomi yn fawr. Wedi iddo fyned, rhoes y chwilen farddol dro yng nghlopa yr hen Jonathan – taflodd y bladur o'r neilldu, ac ymaith ag ef tua'r Llan i chwilio am Twm. Nid oedd yn ei adnabod, ac nis gwyddai pa le yr oedd. Felly dechreuodd gerdded y tafarnau o un i un, ac os gwelai ryw un dyeithr yno cyfarchai ef mewn llinell o gywydd neu fraich englyn, ac yna os byddai Twm yno yr oedd yn credu y cai atebiad a'i galluogai i benderfynu mai Twm fyddai. Fel bu gwaethaf yr hap dechreuodd Jonathan gerdded y tafarnau yn y pen chwith, ac yr oedd wedi dyfod i'r diwethaf cyn cael gafael ar Twm. Galwodd am hanner peint, ond bu yn hir ddysgwyl cyn ei gael, ac meddai Jonathan:

'A ddygir bir i'r bwrdd hir hwn?'

Atebai Twm,

'O! dygir neu mi dagwn.'

Dyna nhw wedi taro ar eu gilydd o'r diwedd; ond pwy fedr ddychymmygu pa faint o *wits*, ac englynion, a chywyddau, a draddodwyd cyn yr ymadawsant.[108]

Nid perthynas gyfeillgar, radlon fu rhyngddynt wedi hynny; byddent yn herio ei gilydd yn gyson â chywydd neu faled a byddai ambell ergyd yn rhy agos o lawer at yr asgwrn i'w hanghofio'n hawdd. Cofnododd Thomas Jones, Corwen, hanesyn am ffrwgwd rhwng y ddau fardd mewn llythyr at William Owen Pughe ym Mehefin 1789, blwyddyn anghydfod cadair y Gwyneddigion, wrth gwrs:

I mae Twm or Nant wedi canu yn chwerw iawn i Jonathan Hughes,
oherwydd rhyw hen ddadl ac ar ol taflu eitha chiwdod [*sic*], fe
ofynodd ir hen ŵr yn ddiwedd[ar] yn Llangollen, a nai o ysgwyd
llaw ag ef – nana'n wir eber yr henwr yn awr, ond na hwyrach y
gwnai i ar ôl tynnu peth ar fy Ogau trwych gwaith.[109]

Mynnai Jonathan ddial ar Fardd y Nant drwy ddychanu ei waith yntau,
ac mewn cerdd gan Jonathan a argraffwyd yng Nghroesoswallt rhwng
1789 a 1791,[110] y mae bardd Llangollen fel pe bai'n ymateb i ymosodiad
personol arno gan Twm o'r Nant. Yn y gerdd honno y mae Jonathan
Hughes yn bychanu arddull watwarus a chibddall Twm. 'Gwael anian
gelyniaeth yw gweniaith a gwawd', meddai, a 'Dull gabal' yw eiddo Twm
'yn dall geibio ddim ond i bigo bai'. Haera nad oedd gan Twm hawl i
ddinoethi 'brychau' ei waith ac 'ynte o'r un bai yn euog'. Y mae Jonathan
yn amau didwylledd daliadau Cristnogol Twm, 'dant am ddant yw dy
ddull', a chwyna am ei ddiffyg parch tuag at y traddodiad barddol,
'Doedd tlws waith Taliesin ond eisin gan ti'. Ond er gwaethaf y feirniadaeth
hallt hon, ni all Jonathan Hughes, hyd yn oed, wadu dawn ddiamheuol
Bardd y Nant, 'Nid wyf yn diddymmu dy ganu di i gid,/Mae sain dy gyng-
hanedd yn beraidd trwy'r byd.'

Yr oedd Twm yntau, er gwaethaf ei sylwadau miniog am Fardd Pen-
gwern ar brydiau, yn ddigon parod i gydnabod mai Jonathan oedd un o
brydyddion pennaf y cyfnod, fel y dengys ei englyn iddo (rhif 1). Ac nid
ef oedd yr unig gyfoeswr i edmygu gwaith Jonathan. Enynnodd Jonathan
Hughes barch sawl bardd ledled y Gogledd, ac yn nghyfrol E. G. Millward
ar Jac Glan-y-gors ceir cerdd gan Jac 'i ofyn llyfr i Jonathan Hughes, y
bardd enwog o Bengwern, yn ymyl Llangollen, dros John Gruffydd, gwas
Hafod-y-maidd' sy'n cyfarch Jonathan fel 'Pennaeth hynod, yn dda
wiwnod am awenydd'.[111] Ceir hefyd enghreifftiau o benillion i'w annerch
yn y casgliad hwn. Y mae cerddi Dafydd Ddu Eryri i Jonathan Hughes,
er enghraifft, yn hynod ddadlennol. Yn ei gywydd i annerch yr hen fardd
y mae'n canmol dawn gynganeddol a chywair difrifol ei ganu, 'Perchen
awen gymen gall,/Un burach na neb arall'.

'Fy nghyfaill ydwyt', meddai Dafydd, er ei fod ef ym 'mlodau f'einioes'
a Jonathan yng '[ng]aeaf dyddiau d'oes'. Y mae'r berthynas rhyngddynt
yn debyg i berthynas athro barddol a'i ddisgybl, delwedd a gyflwynir yn
yr englyn gan Dafydd Marpole, 'Athro coeth burddoeth y beirdd', a chan

y ffaith i Jonathan gynnig cyngor i feirdd yn aml yn ei gerddi, megis y cyngor i brydyddion ifainc a welir yn y gyfrol hon (rhif 15).

Yr oedd Jonathan Hughes yn ffigur amlwg ymysg prydyddion y Gogledd am gyfnod maith a phan oedd ymhell dros ei bedwar ugain oed fe'i clodforwyd yn Llundain. Yn 1803, fe'i hanrhydeddwyd gan y 'Royal Literary Fund', sef cronfa i gynorthwyo llenorion a oedd yn dioddef cyni ariannol, a chyflwynwyd iddo rodd o £15.[112] Ei gyfaill Richard Llwyd ('the Bard of Snowdon') a blediodd achos Jonathan drwy annog Dug Somerset i roi enw'r hen fardd gerbron y pwyllgor. Ef oedd y Cymro cyntaf i ennill cydnabyddiaeth y gymdeithas honno, ac fe'i dilynwyd gan feirdd megis Huw Jones, Maesglasau, Dafydd Ddu Eryri a Gweirydd ap Rhys.

Pan dderbyniodd rodd y gronfa lenyddol, yr oedd Jonathan Hughes yn ymwybodol fod ei gyfnod ar y ddaear yn dyfod i'w derfyn. Yr oedd ei wraig wedi'i chladdu er 1788 (gweler y farwnad iddi, rhif 19) ac mewn llythyr at un o'i feibion ar 2 Mawrth 1803 cwyna Jonathan fod henaint yn gafael ynddo, 'Ni faswn i yn gallu sgrifenu llinell ar yr oerfel yn y myw gan gryndod . . . Rhaid imi gymryd amser mawr i sgrifenu ychydig ag yn flinder arnaf.'[113] Gellir dychmygu'r hen fardd musgrell yn ymdrechu i gyfansoddi'r englynion a welir ar ddiwedd y gyfrol hon (rhif 22) yn fuan wedi llunio'r llythyr hwnnw; ceir ynddynt ddarlun truenus o'r hen fardd ac angau ar ei warthaf yn 'egwan, simsan a sâl'.

Bu farw Jonathan Hughes ar 25 Tachwedd 1805, yn 84 mlwydd oed. Canodd Dafydd Ddu Eryri englynion uwch bedd ei gyfaill, a rhoddodd Twm o'r Nant ei gynnen heibio a llunio beddargraff i Fardd Pengwern.

Jonathan Hughes oedd un o feirdd mwyaf poblogaidd, enwog a chyn-hyrchiol ei ddydd, ond pan fu farw, yr oedd canran sylweddol o'i waith eto i'w gyhoeddi. Dywed yn y rhagymadrodd i *Bardd a Byrddau* fod ganddo 'lawer iawn ychwaneg o ganiadau y baswn yn gwyllysio ei bod yn y Llyfr',[114] ond y byddai hynny'n peri i'r pris argraffu godi'n rhy uchel. Ei fwriad, felly, oedd paratoi ail gasgliad.

Ni ddaeth y gwaith hwnnw i fwcl yn ystod ei fywyd ef, ond dengys ei lythyr at ei fab ym Mawrth 1803 nad oedd y gobaith y byddai rhagor o'i waith yn ymddangos mewn print ryw ddydd wedi pylu'n llwyr. Yn ei lythyr ysgrifennodd, 'mae gen i lawer o waith byddai dda gan rai edrych arno, pan fyddaf yn bridd a lludw'. Y mae'n debyg mai'r gerdd olaf a gyfansoddodd yr hen fardd oedd marwnad i'r Arglwydd Nelson a fu farw 21 Hydref 1805.[115]

Ail fab yr hen fardd, a rannai'r un enw â'i dad, a ymgymerodd â'r dasg o baratoi ail gyfrol o farddoniaeth Jonathan Hughes.[116] Argraffwyd y casgliad hwnnw, sef *Gemwaith Awen Beirdd Collen*, yn 1806 a chanddo un o'r teitlau a gynigiwyd yn wreiddiol ar gyfer *Bardd a Byrddau*. Yr oedd yr ail gyfrol hon yn cynnwys detholiad o gerddi gan Jonathan Hughes y tad a Jonathan Hughes y mab, fel yr amlyga'r englyn hwn o fawl i'r llyfr, gan George Humphreys:

> Gemwaith gloyw-waith glân – awenydd
> I Wynedd sydd ddiddan:
> Aur offer gwiwber y gân,
> A nithiodd y ddau Jonathan.

Cyfyd rhai problemau wrth geisio pennu awduraeth nifer o gerddi'r gyfrol, gan na nododd y mab ai ef ynteu ei dad a gyfansoddodd y cerddi ar bob achlysur; dwy gerdd yn unig sy'n dwyn enw'r mab, 'Jonathan Hughes Junior' a chwech sy'n cyfeirio'n benodol at y tad, sef 'yr Hen Fardd'. Y mae dyddiad, ffynonellau llawysgrifol a chynnwys nifer o'r cerddi, fodd bynnag, yn awgrymu'n gryf mai gwaith Jonathan Hughes y tad yw mwyafrif y cerddi.[117] Efallai y dylid diolch nad oedd wyr Jonathan Hughes yr hynaf, mab Jonathan Hughes yr ail, yn ddigon hen yn 1806 i gyfrannu at y gyfrol! Rhannai yntau'r un enw â'i daid a'i dad, ac yr oedd hefyd yn fardd adnabyddus yn yr ardal. Yn wir, bu'r 'Tri Jonathan' yn destun chwilfrydedd yn ystod y bedwaredd ganrif ar bymtheg, ac yr oedd yr hynafiaethydd William Jones (Bleddyn) ar fin llunio astudiaeth o fywyd a gwaith y tri pan drawyd ef yn wael yn 1897.[118]

Y mae'n bur debyg mai Jonathan Hughes, yr wyr, a ymgomiodd â George Borrow pan ymwelodd y teithiwr hwnnw â thyddyn Ty'n-y-Pistyll yn 1854 gan mai ef a fu'n cadw'r tyddyn wedi marwolaeth ei dad. Cafodd Borrow groeso gwersog gan wr y tŷ a fynegodd â balchder ei fod yn wyr i brifardd:

> 'Do you bear his name?' said I.
> 'I do,' he replied.
> 'What may it be?'
> 'Hughes,' he answered.
> 'Two of the name of Hughes have been poets,' said I – 'one was Huw Hughes, generally termed the Bardd Coch, or red bard; he

was an Anglesea man, and the friend of Lewis Morris and Gronwy Owen – the other was Jonathan Hughes, where he lived I know not.'

'He lived here, in this very house,' said the man; 'Jonathan Hughes was my grandfather!' and as he spoke his eyes flashed fire.

'Dear me!' said I; 'I read some of his pieces thirty-two years ago when I was a lad in England. I think I can repeat some of the lines.' I then repeated a quartet which I chanced to remember.

'Ah!' said the man, 'I see you know his poetry. Come into the next room and I will show you his chair.' He led me into a sleeping-room on the right hand, where in a corner he showed me an antique three-cornered arm chair. 'That chair,' said he 'my grand-sire won at Llangollen, at an Eisteddfod of Bards. Various bards recited their poetry, but my grandfather won the prize. Ah, he was a good poet. He also won a prize of fifteen guineas at a meeting of bards in London.'[119]

Nid arhosodd cadair eisteddfodol Jonathan Hughes yn ei chartref ar lethrau'r Berwyn, ac er bod un debyg i'w chael ym Mhlas Newydd ac arni'r dyddiad 1774, myn Daniel Williams nad honno 'mo'r gadair arobryn'. Derbyniodd Daniel Williams lythyr gan Lady Manning, Hampton Court Palace, a honnai berthynas â Jonathan Hughes, yn egluro'r hyn a ddigwydd-odd i'r gadair, 'The oak chair was by mistake disposed of at a sale of farm effects and was thus lost for ever to the family.'[120]

Yn Eisteddfod Llangollen 1908 gosodwyd '12 o Feirdd y Berwyn' yn destun ar gyfer cystadleuaeth y traethawd ac fe'i beirniadwyd gan O. M. Edwards, gŵr a oedd eisoes wedi cynnwys un gerdd o waith Jonathan Hughes yn ei gyfrol 'Beirdd y Berwyn'.[121] Cyflwynwyd tri thraethawd ar gyfer y gystadleuaeth, ac yr oedd dau ohonynt yn ymdrin â gwaith Jonathan Hughes. 'Gwerinwr', sef Robert Griffith, Manceinion, a oedd yn fudd-ugol ac meddai am Fardd Pengwern:

. . . gellir gweled oddiwrth y cofnodion amdano fod Jonathan Hughes yn boblogaidd ac yn enwog yn ei ddydd, a bod ei deulu ei hun yn mawrygu ei goffadwriaeth, ac efe, mi gredwn, oedd yr enwocaf o feirdd Llangollen, a gellir gweled oddiwrth ei gerddi a'i garolau ei fod yn hen ŵr crefyddol iawn.[122]

Y mae Robert Griffith yn rhyfeddu i 'goffadwriaeth bardd mor enwog fod gan brined' erbyn troad yr ugeinfed ganrif; erbyn hynny yr oedd beddfaen yr hen fardd, hyd yn oed, wedi'i chwalu ym mynwent y plwyf. Er gwaethaf hynny, yr oedd rhai yn cofio o hyd amdano a bu galw am adeiladu cofeb barhaol iddo yn yr ardal. Hwyrfrydig fu'r broses i osod cofeb deilwng iddo; dywed Daniel Williams yn 1951 y 'bu cymdeithasau cyn hyn yn sisial cŵyn, a gwŷr llên o fri yn dwrdio; er hynny, neb yn symud, "clindarddach drain dan grochan," fu'r cwbl'.[123] O'r diwedd, gwireddwyd y bwriad i godi cofeb gan ymroddiad yr ysgolfeistr lleol, J. Iorwerth Roberts, a chyda chymorth Cyngor y Sir a chefnogwyr lleol, gosodwyd cofeb yng ngerddi Plas Newydd i goffáu Jonathan Hughes ynghyd â dau o feirdd eraill yr ardal, sef Taliesin o Eifion a Gwilym Ceiriog.

Haera Daniel Williams fod enwau'r ddau fardd arall yn ddigon hysbys yn 1951, ond cyfeddyf mai 'atgyfodi' enw Jonathan Hughes a wnâi'r gofeb hon iddo. Hynny yw, er bod rhai o hyd, gan gynnwys ei ddisgynyddion, yn cofio amdano, yr oedd ei farddoniaeth bellach yn angof gan y mwyafrif. Er poblogrwydd aruthrol y bardd yn ystod ei fywyd, ni oroesodd y diddordeb yn ei farddoniaeth. Mewn llythyr at ei nai Humphrey Jones (y llaethwr), y mae Joseph Hughes, un o wyrion yr hen fardd a oedd bellach wedi ymgartrefu yn Philadelphia, yn trafod adargraffu *Bardd a Byrddau* yn 1879:

> Yn y dyddiau hyn mae enw Jonathan Hughes yn anghof gan y rhai ieuengaf yn mysg ein pobl ein hunain ac o ganlyniad ychydig o archwaeth a fyddai gan neb o ddarllen neu brynu llyfr a ysgrifenwyd 80 mlynedd yn ôl byddai yn rhy hen ffasiwn gan yr ieuengtyd yn enwedig y rhai ohonynt sydd feirniaid barddonol neu yn disgwyl cael eu hystyried felly.[124]

Er gwaethaf teilyngdod carolau ei daid, tybiai Joseph Hughes nad oedd gan y Cymry ddiddordeb mewn barddoniaeth a berthynai 'ir personau, yr amgylchiadau ar arferion a fu – rhai or arferion hyn yn ddigon llygredig ac yn anheilwng ou cadw mewn cof', ac felly cynghorodd ei nai i beidio â bwrw ymlaen â'i gynlluniau i ailargraffu'r gyfrol.

Yr oedd chwaeth darllenwyr Oes Victoria yn wahanol iawn, wrth gwrs, i chwaeth cynulleidfaoedd gwreiddiol Bardd Pengwern. Dioddefodd barddoniaeth Jonathan Hughes yr un ffawd â gwaith Elis y Cowper a Huw Jones,

Llangwm – fe'u hystyriwyd oll yn gynnyrch oes dywyll, bechadurus y ddeunawfed ganrif ac ni chredid yn gyffredinol y byddai atgyfodi'r cerddi, ac eithrio cynnyrch Twm o'r Nant, yn llesol i neb. Yn ogystal, o ganlyniad i'r trawsnewid cymdeithasol ac ieithyddol a welwyd yn nyffryn Llangollen o ddechrau'r bedwaredd ganrif ar bymtheg ymlaen, yr oedd y bobl, yr iaith, yr arferion a'r ffordd o fyw a ddisgrifiodd Jonathan Hughes yn ddieithr iawn i nifer o drigolion yr un ardal ganrif yn ddiweddarach.

Ond cafodd Bardd Pengwern beth canmoliaeth gan feirniaid llên y bedwaredd ganrif ar bymtheg. Gosodai Cynddelw ef yn un o feirdd pwysicaf y ddeunawfed ganrif a chredai fod yn ei gerddi 'ddyfnach medd-yliau' nag a geid gan y rhelyw: 'Barnwyd fod gan Twm o'r Nant barotach awen, fod gan J[onathan].H[ughes]. ddyfnach meddyliau, a bod gan G[wallter]. Mechain burach a gwell Cymraeg; fel hyn, Awen barod Twm, synwyr a meddyliau Jonathan Hughes, a hen Gymraeg Walter Davies.'[125] Meddai Carneddog:

> Yr oedd gan y beirdd syniad pur uchel am alluoedd hen fardd Pengwern. Dywedai y Gwyn o Eifion am dano unwaith y ffaith ryfedd a phrin, – 'Yr oedd yn llawer gwell bardd nag y tybiai efe ei hun ei fod.' Crybwylla Cynddelw am dano hefyd, fel hyn, – 'Efe a Twm o'r Nant oedd prifeirdd Gwynedd a Phowys un adeg. . .'. Wrth droi a darllen ei lyfr hynod *Bardd a Byrddau*, deuwn i'r casgliad ar unwaith fod Jonathan Hughes yn sicr o fod yn fath o oracl barddol yn ei wlad ei hun, tua Llangollen. Canai ar bob testyn – bid a fo, ac yn ei ffordd ei hun fel hyn, gwnaeth wasan-aeth canmoladwy, – trwy geryddu ac addysgu, llonni a chyfnerthu ei liaws cyfeillion, a hynny yn ei amser priodol.[126]

Fodd bynnag, yn gyffredinol teimlid nad oedd cerddi Jonathan Hughes bellach yn berthnasol nac o ddiddordeb i gynulleidfaoedd y bedwaredd ganrif ar bymtheg. Gwelir yr un feirniadaeth yn yr ugeinfed ganrif gan Glyn Ashton yn ei sylwadau ar y gyfrol *Gemwaith Awen*, 'Dywedwyd digon i awgrymu nad oes fawr o bleser i'w gael heddiw o brydyddiaeth yr henwr glew, Jonathan Hughes, ond nodwyd ychydig o linellau eisoes i ddangos ei ddawn gynhenid a awgryma petai'n fyw heddiw y gellid bardd o'r prydydd.'[127]

Seiliodd Glyn Ashton y sylwadau hyn ar gynnwys *Gemwaith Awen* yn unig, ond dangosodd Daniel Williams, a oedd wedi astudio rhychwant ehangach o gerddi'r bardd mewn print a llawysgrif, fwy o garedigrwydd o lawer tuag at farddoniaeth yr hen fardd. Yn 1951, galwodd am gasglu holl weithiau Bardd Pengwern ynghyd er mwyn 'dangos i'r werin Gymreig y gymynrodd o feddyliau disglair a dyrchafol a adawodd yn rhodd iddi'.[128] Gobeithir y bydd y detholiad o gerddi a geir yn y gyfrol hon yn amlygu rhai o'r 'meddyliau disglair a dyrchafol' hynny. Cawn yma fardd a chanddo ei lais unigolyddol ei hun a gweledigaeth grefyddol gadarn ynghylch natur y berthynas rhwng Duw a dyn. Ond cawn yma hefyd ddarlun o fardd gwlad a oedd yn ceisio cynnal diwylliant traddodiadol yr ardal mewn cyfnod o drawsnewid mawr. Y mae pynciau canu Jonathan Hughes yn nodweddiadol o gynnyrch beirdd gwlad y ddeunawfed ganrif, felly, yn gyfuniad o gerddi serch direidus a charolau syber, diwinyddol. Ond eto, nid dilyn confensiynau'r cerddi crefyddol a chymdeithasol mewn modd slafaidd, diddychymyg a wna, eithr mae iddo ei lais neilltuol ei hun. Gobeithio y caiff y darllenydd cyfoes flas ar y seigiau amrywiol a gynigir yn y detholiad hwn.

NODIADAU

1. Daniel Williams, *Beirdd y Gofeb* (Dinbych, 1951), tt. 7-64.
2. Rhiannon Ifans, *Canu Ffolant* (Cymdeithas Alawon Gwerin Cymru, 1996), t. 68; Ifans (gol.), *Yn Dyrfa Weddus* (Aberystwyth, 2003), t. 70; E. G. Millward (gol.), *Blodeugerdd Barddas o Ganu Rhydd y Ddeunawfed Ganrif* (Cyhoeddiadau Barddas, 1991), tt. 204, 206; A. C. Lake (gol.), *Blodeugerdd Barddas o Ganu Caeth y Ddeunawfed Ganrif* (Cyhoeddiadau Barddas, 1993), t. 80.
3. Williams, *Beirdd y Gofeb*, t. 61; Robert Griffith, *Deuddeg o Feirdd y Berwyn* (Lerpwl, 1910), tt. 77-8.
4. Thomas Pennant, *A Tour In Wales* (Llanrwst, adarg., 1998), tt. 47-8.
5. G. J. Williams, 'Traddodiad Llenyddol Dyffryn Clwyd a'r Cyffiniau', *Trafodion Cymdeithas Hanes Sir Ddinbych*, 1 (1952), 20.
6. *BB*, t. iv.
7. NLW Cwrtmawr 120 A; Cwrtmawr 161 B.
8. Siwan Rosser, *Y Ferch ym Myd y Faled* (Caerdydd, 2005), tt. 188-9; G. G. Evans, 'Yr Anterliwd Gymraeg', traethawd MA anghyhoeddedig, Prifysgol Cymru Bangor, 1938, t. 170; Tom Cheesman, *The Shocking Ballad Picture Show* (Rhydychen a Providence, 1994), tt. 121-2.
9. Cain Jones, *Tymmhorol ac wybrenol newyddion, neu almanac am y flwyddyn 1776* (Amwythig, 1776); *Bye-Gones*, 2 (1891-92), 128-9.

10. NLW Cwrtmawr 41, i, t. 89.
11. A. Cynfael Lake, 'Puro'r anterliwt', *Taliesin*, 84 (1994), 30-9; E. Wyn James, 'Rhai Methodistiaid a'r anterliwt', *Taliesin*, 57 (1986), 8-19.
12. NLW 6729 B, t. 200.
13. *BB*, tt. v-vi.
14. Ibid., t. vi.
15. Flemming G. Andersen, 'From Tradition to Print: Ballads on Broadsides' yn *The Ballad as Narrative*, gol. Flemming G. Andersen, Otto Holzapfel, Thomas Pettitt (Oxford, 1982), tt. 39-58. Sylwer hefyd ar dystiolaeth y Parch. James Hughes a ysgrifennodd yn 1825 iddo ddarllen a dysgu gwaith Jonathan Hughes ar ei gof pan oedd yn fachgen, 'Yr oedd gan [Edward Pugh, y Berllan-deg] lyfr barddoniaeth a elwid 'Bardd a byrddau,' &, gwaith Jonathan Hughes. Cefais inau ryw dro ei fenthyg, a chefais hyfrydwch nid bychan wrth ei ddarllen, a dysgais lawer iawn o hono ar dafod lleferydd.' James Hughes, 'Buchedd-draeth', *Y Cylchgrawn: at Wasanaeth Crefydd, Llenyddiaeth, Gwleidiadaeth, ac Hanesieth*, 7 (Llanelli, 1868), 125.
16. *BB*, tt. vi-vii.
17. Ibid., t. viii.
18. Siwan Rosser, 'Baledi'r ffin: dylanwad y ffin ar faledi'r ddeunawfed ganrif', *Canu Gwerin*, 28 (2005), 15-16.
19. Huw Jones, *Dewisol Ganiadau o'r Oes Hon* (Amwythig, 1759), t. iv.
20. *BB*, t. iv.
21. Ibid., t. iv.
22. Ibid., t. v. Am drafodaeth helaethach ar ddylanwad y Saesneg ar faledwyr y ddeunawfed ganrif, gweler Rosser, 'Baledi'r ffin . . .', 3-19.
23. *BOWB*, rhifau 275/404; NLW 573, t. 102; NLW Cwrtmawr 18B, t. 453.
24. G. H. Bell (gol.), *The Hamwood Papers of the Ladies of Llangollen and Caroline Hamilton* (London, 1930), t. 172, gweler hefyd tt. 93, 165-6, 254.
25. *BB*, t. v.
26. [Huw Morys], *Eos Ceiriog: sef Casgliad o Bêr Ganiadau Huw Morus*, gol., W[alter] D[avies] (Wrecsam, 1823), t. 430. Am ragor o fanylion ynghylch dylanwad Huw Morys gw. E. Wyn James, 'Ann Griffiths: y cefndir barddol', *Llên Cymru*, 23 (200), 150-3.
27. H. Parry Jones, 'The Conway and Elwy Valleys – some literary men of the eighteenth century', *Trafodion Cymdeithas Hanes Sir Ddinbych*, 4 (1955), 72.
28. Williams, *Beirdd y Gofeb*, tt. 12-19; Cain Jones, *Tymmhorol ac wybrenol newydd-ion, neu almanac am y flwyddyn 1779* (Amwythig, 1779), tt. 11-15, (1780) tt. 10-15. Byddai'r beirdd hyn yn aml yn cyfarch ei gilydd ar gân. Er enghraifft, pan ymadawodd Siôn y Potiau â'i wraig a'i blant yn Nyffryn Ceiriog gan ddianc i Lundain, cafodd bryd o dafod gan ei gyfaill Jonathan mewn llythyr ac ar gân, ac yn *Bardd a Byrddau* ceir un o'r cerddi a anfonwyd i 'Gaer-Ludd' at Siôn y Potiau. Crybwylliad ydyw, sef pennill a osodwyd megis pôs ar bapur, *BB*, t. 350.

29. *BB*, t. ix.
30. Ibid., t. iv.
31. Ibid., t. iii. Y mae rhan olaf y dyfyniad yn adleisio 'Megis yr oedd yn y dechreu, y mae yr awr hon, ac y bydd yn wastad', sef yr ymateb yn y *Llyfr Gweddi Gyffredin* i ddatganiad yr offeiriad, 'Gogoniant i'r Tad, ac i'r Mab, ac i'r Ysbryd Glân'.
32. NLW Cwrtmawr 511, t. 147.
33. Tecwyn Ellis, *Edward Jones, Bardd y Brenin* (Caerdydd, 1957), tt. 55, 61.
34. G. J. Williams, 'Llythyrau ynglŷn ag Eisteddfodau'r Gwyneddigion', *Llên Cymru*, 1 (1950), 29-47, 113-25.
35. Ibid., tt. 29-30.
36. Ibid., t. 30.
37. Ibid., t. 29.
38. Williams, *Beirdd y Gofeb*, t. 38.
39. *BB*, t. 150.
40. Enid P. Roberts, 'Hen Garolau Plygain', *Trafodion Anrhydeddus Gymdeithas y Cymmrodorion* (1952), tt. 54, 62 (ailgyhoeddwyd yn Wyn Thomas (gol.), *Cerdd a Chân* (Dinbych, 1982)); Gwynfryn Richards, 'Y Plygain', *Journal of the Historical Society of the Church in Wales* (1947), tt. 62-3.
41. *BB*, t. 117.
42. Ibid., t. 12.
43. R. T. Jenkins, *Hanes Cymru yn y Ddeunawfed Ganrif* (Caerdydd, 1931), t. 28; G. H. Jenkins, *Hanes Cymru yn y Cyfnod Modern Cynnar 1530-1760* (Caerdydd, 1983), t. 281; E. Wyn James, 'Ann Griffiths: y cefndir barddol', *Llên Cymru*, 23 (2000), 159.
44. *BB*, tt. 107, 26.
45. R. T. Jenkins, *Hanes Cymru yn y Ddeunawfed Ganrif*, t. 28; Meredydd Evans, 'Dylanwad Methodistiaeth ar rai o garolau Nadolig y ddeunawfed ganrif', yn *Merêd: Detholiad o Ysgrifau*, gol. G. H. Jenkins ac Ann Ffrancon (Llandysul, 1994), t. 159.
46. *BB*, t. 108.
47. Dafydd Jones (gol.), *Blodeu-gerdd Cymry* (Amwythig, 1759), t. 13.
48. *BB*, t. 114. *Baal*: gau-Dduw.
49. Ibid., t. 199.
50. Mae Meredydd Evans yn manylu ar ddylanwad Methodistiaeth ar Twm o'r Nant a Jonathan Hughes yn 'Dylanwad Methodistiaeth ar rai o garolau Nadolig y ddeunawfed ganrif', tt. 155-71. Gw. hefyd E. Wyn James, 'Rhai Methodistiaid a'r anterliwt', *Taliesin*, 57 (1986), 12-14.
51. Dafydd Jones (gol.), *Blodeu-gerdd Cymry*, t. 154.
52. *BB*, t. 52.
53. Ibid., t. 92.
54. Ibid., t. 158.

55. Ibid., t. 91.
56. Ibid., t. 146.
57. Evans, 'Dylanwad Methodistiaeth . . .', tt. 160, 166-7.
58. R. M. Jones, *Cyfriniaeth Gymraeg* (Caerdydd, 1994), t. 58.
59. *BB*, tt. 240-1.
60. Morgan Llwyd, 'Llythyr i'r Cymry Cariadus' yn *Ysgrifeniadau Byrion Morgan Llwyd*, gol. P. J. Donovan (Caerdydd, 1985), t. 3.
61. *Gemwaith Awen*, t. 45.
62. *BB*, t. 208. Adleisir 1 Ioan 2:16.
63. M. Wynn Thomas (gol.), *Llyfr y Tri Aderyn* (Caerdydd, 1988), tt. 74-5.
64. Williams, *Beirdd y Gofeb*, t. 19; Evans, 'Dylanwad Methodistiaeth . . .', t. 163.
65. Meredydd Evans, 'Pantycelyn a Thröedigaeth' yn *Meddwl a Dychymyg Williams Pantycelyn*, gol. Derec Llwyd Morgan (Llandysul, 1991), t. 58.
66. *BB*, t. 35.
67. Ibid., tt. 92-3. Adleisir Effesiaid 4:22-24, Galatiaid 4:22-31 a Datguddiad 3:20.
68. Er bod R. M. Jones, *Cyfriniaeth Gymraeg*, t. 42, yn rhestru Etholedigaeth fel un o bum pwynt credo Morgan Llwyd, y mae Noel Gibbard, *Elusen i'r Enaid* (Pen-y-bont ar Ogwr, 1979), t. 21, yn maentumio 'n[a] fedrai dderbyn etholedigaeth', gw. hefyd M. Wynn Thomas, *Morgan Llwyd*, Writers of Wales (Caerdydd, 1984), t. 33, '. . . Llwyd is inevitably a disbeliever in predestination and the elect.'
69. *Welsh Wesleyan Methodist Diary* (1857), t. 92; *Yr Eurgrawn* (1841), t. 178.
70. Hugh Jones, *Hanes Wesleyaeth Gymreig* (Bangor, 1911), t. 227; A. H. Williams, *Welsh Wesleyan Methodism 1800-1858* (Bangor, 1935), pennod 2.
71. J. Gwili Jenkins, *Hanfod Duw a Pherson Crist* (Lerpwl, 1931) tt. 26, 28, 31; R. T. Jenkins, *Hanes Cymru yn y Ddeunawfed Ganrif*, tt. 66-7.
72. *BB*, tt. 30-1.
73. R. T. Jenkins, *The Moravian Brethren in North Wales* (London, 1938), t. 3.
74. Ibid., t. 82.
75. Gomer Roberts, *Y Per Ganiedydd*, cyfrol 1 (Gwasg Aberystwyth, 1949), tt. 123-57.
76. Gomer Roberts, *Y Per Ganiedydd*, cyfrol 2 (Gwasg Aberystwyth, 1958), tt. 133-4.
77. N. Cynhafal Jones (gol.), *Gweithiau Williams Pant-y-celyn*, cyfrol 2 (Newport, 1891), t. 323.
78. *BB*, t. 152.
79. *BOWB*, rhif 703.
80. James, 'Rhai Methodistiaid a'r anterliwt', 11.
81. *BB*, tt. 237-8.
82. Charles Ashton, *Hanes Llenyddiaeth Gymraeg o 1651 Oed Crist hyd 1850* (Lerpwl, 1891), t. 407.
83. Ibid.
84. NLW 6696E, t. 12.
85. James, 'Rhai Methodistiaid a'r anterliwt', 14.

86. James, 'Ann Griffiths: y cefndir barddol', 159. Yr oedd Jonathan Hughes yn adnabod Harri Parri ac wedi ymweld ag ef pan oedd ar daith i werthu *Bardd a Byrddau* (Ab Ieuan, 'Man-gofion y Beirdd', *Y Gwladgarwr*, 4 (1836), 14). Athro barddol teulu Ann Griffiths oedd Harri ac awgrymwyd bod arlliw prydyddiaeth Jonathan Hughes ar emynau Ann Griffiths ei hun (honiad y mae Daniel Williams yn ei wrthod, *Beirdd y Gofeb*, t. 51).

87. *GA*, t. 95; NLW 573D, t. 103; *BB*, t. 325; NLW 573D, t. 184.

88. E. G. Millward 'Gwerineiddio llenyddiaeth Gymraeg', yn *Bardos*, gol. R. Geraint Gruffydd (Caerdydd, 1982), tt. 95-110; Siwan M. Rosser, 'Jonathan Hughes a gwerineiddio llenyddiaeth Gymraeg y 18ganrif', *Y Traethodydd*, 156 (2001), 235-44. O safbwynt y farwnad, gw. y cyfeiriadau yn E. Wyn James, 'Thomas William: bardd ac emynydd Bethesda'r Fro', *Llên Cymru*, 27 (2004), 131, nodyn 80.

89. Bell, *Hamwood Papers*, tt. 233-4.

90. *BB*, tt. 331, 335, 344.

91. Bleddyn Owen Huws, *Y Canu Gofyn a Diolch* (Caerdydd, 1998), t. 225.

92. *BB*, t. 364; NLW 573, t. 33 a *GA*, t.108; *BB*, t. 26; NLW 573, t. 112; William Jones (gol.), *Llu o Ganiadau* (Croesoswallt, 1798), t. 80.

93. NLW Cwrtmawr, 216, t. 115.

94. *BB*, t. 229.

95. Ibid., t. 265. Cymharer â phennill olaf y gân draddodiadol 'Mae'r ddaear yn glasu':

> Mae'r ddaear fawr ffrwythlon
> A'i thrysor, yn ddigon
> I borthi'r trigolion
> Yn dirion bob dydd;
> Pe byddem ni ddynion
> Mewn cyflwr heddychlon
> Yn caru'n un galon
> Ein gilydd.

96. *BOWB*, rhif 267.

97. *BB*, t. 35.

98. Valerie Wayne, 'Advice for Women from Mothers and Patriarchs', *Women and Literature in Britain 1500-1700*, gol. Helen Wilcox (Cambridge, 1996), t. 58.

99. G. H. Hughes (gol.), *Gweithiau William Williams Pantycelyn*, cyfrol 2 (Caerdydd, 1967), t. 264.

100. *BOWB*, rhif 282 (Ll.G.C.), Wrecsam gan R. Marsh, 1781.

101. *BB*, t. 264.

102. Saunders Lewis, 'The Essence of Welsh Literature', yn *Presenting Saunders Lewis*, gol. Alun C. Jones a Gwyn Thomas (Caerdydd, 1983), t. 157.

103. Saunders Lewis, 'Twm o'r Nant', yn *Meistri'r Canrifoedd*, gol. R. Geraint Gruffydd (Caerdydd, 1973), t. 287.

104. Rhiannon Ifans. *Cân di Bennill . . .? Themâu Anterliwtiau Twm o'r Nant* (Aberystwyth, 1997), t. 24.

105. *BOWB*, rhif 461.

106. Ibid., rhifau 455, 461, 267. Mae trawsysgrif o'r holl gerddi yn Ioan Pedr, 'Y Bardd o'r Nant a'r Cerddi Bedydd', *Y Traethodydd* (1876), 169-97.

107. Emyr Wyn Jones, *Ymgiprys am y Goron* (Dinbych, 1992), t. 177.

108. Derwen, 'Chwedlau am Twm o'r Nant', *Y Brython*, rhif 21, cyfrol 3 (1860), 260.

109. Williams, 'Llythyrau . . .', 42.

110. *BOWB*, rhif 267.

111. E. G. Millward, *Cerddi Jac Glan-y-gors* (Cyhoeddiadau Barddas, 2003), t. 120.

112. Williams, *Beirdd y Gofeb*, tt. 60-2.

113. NLW 6696E, t. 7.

114. *BB*, t. viii.

115. *GA*, t. 179; NLW 568B, t. 63.

116. Yn NLW Cwrtmawr 4, 861E, t. 6/34 y mae copi o lythyr gan Jonathan Hughes y mab yn gofyn am gymorth John Roberts, Pwllheli i gasglu tanysgrifiadau ar gyfer y gyfrol.

117. Gellir priodoli 44 cerdd i'r tad, 27 i'r mab a 4 i feirdd eraill, sef Dafydd Ddu Eryri, George Humphreys a Twm o'r Nant.

118. NLW 568B, t. 90.

119. George Borrow, *Wild Wales, its People, Language and Scenery* (Llandysul, adarg., 1995), t. 46.

120. Williams, *Beirdd y Gofeb*, t. 6.

121. O. M. Edwards, *Beirdd y Berwyn* (Llanuwchllyn, 1902?).

122. Griffith, *Deuddeg o Feirdd y Berwyn*, tt. 77-8.

123. Williams, *Beirdd y Gofeb*, t. 5.

124. NLW 568B, t. 61.

125. Dyfynnir yn Williams, *Beirdd y Gofeb*, t. 26.

126. Richard Griffith (Carneddog), 'Rhisiart Morus a Jonathan Hughes', *Cymru*, xiii (1897), 97.

127. Glyn M. Ashton, 'Arolwg ar Brydyddiaeth Gymraeg 1801-25', *Llên Cymru*, 15 (1983/4), 243.

128. Williams, *Beirdd y Gofeb*, t. 63.

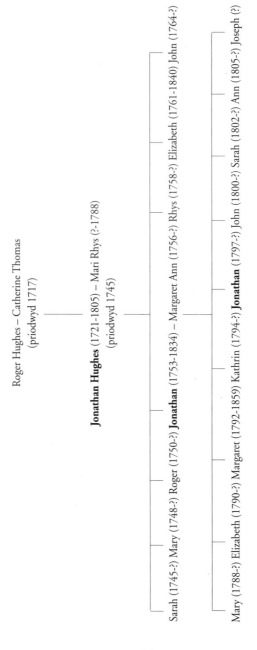

Roger Hughes – Catherine Thomas
(priodwyd 1717)

Jonathan Hughes (1721-1805) – Mari Rhys (?-1788)
(priodwyd 1745)

Sarah (1745-?) Mary (1748-?) Roger (1750-?) **Jonathan** (1753-1834) – Margaret Ann (1756-?) Rhys (1758-?) Elizabeth (1761-1840) John (1764-?)

Mary (1788-?) Elizabeth (1790-?) Margaret (1792-1859) Kathrin (1794-?) **Jonathan** (1797-?) John (1800-?) Sarah (1802-?) Ann (1805-?) Joseph (?)

YR ALAWON

Wrth fynd ati i ddarllen gwaith Jonathan Hughes rhaid cofio mai cerddi i'w canu oedd pob un o'i gerddi rhydd. Cyfansoddwyd hwy oll ar fesurau arbennig, ac yn amlach na pheidio, y mae enw'r alaw yn ymddangos yn rhan o deitl y gerdd. Yn wir, ymddengys fod Jonathan Hughes ei hun yn ymwybodol o bwysigrwydd y gerddoriaeth gan iddo sicrhau fod enwau'r alawon yn ymddangos gyda phob un o'r cerddi rhydd a argraffwyd yn *Bardd a Byrddau*.

Defnyddiodd Jonathan Hughes o leiaf 48 alaw wahanol ar gyfer ei gyfansoddiadau, o sobrwydd 'Gwêl yr Adeilad' i smaldod 'Susan Lygadddu'. Yr oedd y rhain yn alawon poblogaidd, cyfarwydd i gynulleidfaoedd y ddeunawfed ganrif, ac o gofio natur lafar y cerddi, yr oedd eu cynefindra yn elfen hollbwysig. Rhaid oedd i'r alaw fod wedi'i gwreiddio'n ddwfn yng nghof y bobl fel y gallent ganolbwyntio ar y geiriau newydd. Ofer fyddai cyflwyno alawon dieithr gan y byddai hynny'n cymhlethu'r broses ddysgu ac yn peri na fyddai'r gerdd newydd, mae'n debyg, yn cael ei throsglwyddo ar lafar gwlad mor rhwydd. Yr oedd defnyddio alawon cyfarwydd hefyd, wrth gwrs, yn fodd i sicrhau derbyniad gwresog i'r gân newydd.

Wrth briodi geiriau'r cerddi â'r alaw briodol, daw gafael gadarn Jonathan Hughes ar hanfodion y canu carolaidd, neu'r canu rhydd cynganeddol, i'r amlwg. I'r perwyl hwnnw y mae'r gerddoriaeth wedi'i chynnwys â cherddi'r gyfrol hon. Sylwer ar y modd yr ymdrinnir â mesurau cymhleth megis 'Charity Meistres', ac ar y modd y manteisia ar ryddid y canu rhydd cynganeddol. Ceir rhai gwallau cynganeddol yn ei ganu caeth, ond wrth gyfansoddi carolau a baledi y mae'r hyblygrwydd hwnnw'n gryfder. Heb reolau llym i'w gaethiwo, y mydr yw ei unig linyn mesur, a chawn yr argraff ei fod yn mwynhau mowldio sŵn geiriau i ateb gofynion yr alawon. Afraid dweud y dylid canu'r cerddi hyn er mwyn gwir werthfawrogi eu crefft. Rhybuddiodd Thomas Parry, er enghraifft, ei ddarllenwyr rhag beirniadu'r cerddi rhydd cynganeddol heb glywed eu canu. 'Trwy'r glust y traidd cerddoriaeth i enaid dyn,' meddai yn *Baledi'r Ddeunawfed Ganrif*,

'Po fwyaf persain y seiniau a dery'r glust, mwyaf yr hyfrydwch yn nheimlad y gwrandawr. Wrth gynganeddu'n fedrus fe ychwanegir at y perseinedd, ac ychwanega hynny yn ei dro at yr hyfrydwch yn yr enaid.'[1]

Am ragor o wybodaeth ynghylch alawon y cyfnod gweler Phillys Kinney, 'Ymdriniaeth â'r tonau Cymreig', yn *Blodeugerdd Barddas o Gerddi Rhydd y Ddeunawfed Ganrif*, gol. E. G. Millward (Cyhoeddiadau Barddas, 1991), a 'The tunes of the Welsh Christmas carols', *Canu Gwerin*, 11, 12 (1988), 28-57 (1989), 5-29. Hoffwn ddiolch i Phillys Kinney am ei chymorth wrth baratoi'r alawon ar gyfer y gyfrol hon a diolch hefyd i Dyfed Edwards am gysodi'r gerddoriaeth ac i Owen Saer am ei gymorth wrth osod y geiriau.

---

1. Thomas Parry, *Baledi'r Ddeuanwfed Ganrif* (Caerdydd, adarg., 1986), tt. 158-9.

Y TESTUNAU

Y mae'r testunau a ganlyn yn ddetholiad cynrychioliadol o gynnyrch barddol Jonathan Hughes rhwng tua 1749 a 1805. Yn ogystal â chodi testunau o'r gyfrol *Bardd a Byrddau*, aethpwyd ati i gywain testunau o ffynonellau amrywiol gan gynnwys llawysgrifau, almanaciau a baledi taflennol. Gan amlaf, un ffynhonnell sydd i'r testunau, ond pan fo mwy nag un nodir hynny ar derfyn y gerdd. Yno hefyd ceir nodiadau ar gynnwys y testun a'r gyfeiriadaeth a geir ynddo (pan fo Jonathan Hughes yn adleisio adnodau o'r Beibl dyfynnir o'r hen gyfieithiad).

Bydd y darllenydd yn sylwi bod cywair ieithyddol y cerddi'n dibynnu'n aml o ba ffynhonnell y dônt. Y mae dylanwad confensiynau'r iaith ysgrifenedig yn drymach o lawer ar y testunau a godwyd o *Gemwaith Awen*, er enghraifft, tra bo 'Breuddwyd Jonathan Hughes' (o ffynhonnell lawysgrifol) wedi'i llafareiddio ymron yn llwyr. Nid aethpwyd ati i gysoni'r testunau â'i gilydd, er mwyn i'r darllenydd cyfoes gael blas ar amrywiadau ieithyddol y cyfnod.

Ar wahân i ddiweddaru'r orgraff a chysoni'r atalnodi, ychydig o ôl golygu sydd ar gerddi'r gyfrol hon. Safonwyd ffurfiau megis 'corph', 'ieuangc', 'ysbryd', 'llann' ac 'ammod' i gydymffurfio ag orgraff Cymraeg diweddar. Ond er mwyn pwyleisio gwedd lafar, berfformiadol y cerddi, cadwyd ffurfiau megis 'howddfyd' (hawddfyd), 'cowled' (coflaid), 'clowch' (clywch), 'dallt' (deall) a'r llafariaid ymwthiol mewn geiriau megis 'cwbwl', 'siwgwr' ac 'eger'. Yn ogystal, cadwyd ffurfiau a gyfrifir yn wallus heddiw pan fo'r bardd yn eu defnyddio'n fwriadol a chyson. O ganlyniad, gwelir ffurfiau megis 'nid ellir', 'tri meibion', 'gwyneb', 'ei ganed' a chamdreiglo bwriadol er mwyn sicrhau cyflythrennu, megis 'Daw ddigon i ddiwygio'. O safbwynt terfyniadau, dilynwyd y ffurfiau a geir yn y testunau gwreiddiol, hyd yn oed pan fo'r defnydd yn anghyson. Er enghraifft, oddi mewn i'r un gerdd, ceir terfyniadau safonol, megis '-au' ac '-aeth' ochr yn ochr â'r ffurfiau ansafonol '-e' ac '-eth'. Ni ddiwygiwyd yr anghysonderau, gan ddilyn arfer Cathryn A. Charnell-White yn ei golygiad o ganu menywod hyd tua 1800, gan fod cadw'r ffurfiau hyn yn 'tynnu sylw at y tensiwn rhwng y llafar a'r ysgrifenedig'.[1] Yr unig eithriad i hyn yw yn achos y ffurfiau 'ameu', 'goreu' ac 'angeu'. Llafareiddiwyd y terfyniadau hyn gan fod yr odl yn awgrymu'n gryf mai fel '-e' ac nid '-eu' y bwriadwyd i'r darllenydd ei seinio.

1. C. A. Charnell-White (gol.), *Beirdd Ceridwen: Blodeugerdd Barddas o Ganu Menywod hyd tua 1800* (Cyhoeddiadau Barddas, 2005), t. 44.

1.

I Annerch Jonathan Hughes

I Jonathan Hughes, Pengwern

1.

Jonathan fwynlan yw fo, – yn eiliaw
Ni welais ail iddo,
Clymwr clau camrau Cymro,
Dawniaith rydd, di-wan ei thro.

Dienw

2.

Jonathan, ŵr mwynlan maith, – paen ydyw,
Penadur yr heniaith;
Mal gŵr a f'ai llyncwr llaith,
Ŷf o ddawn ei farddoniaeth.

Rheded dull dyfroedd rheidiol – dy ddoniau
Diddanus olynol,
A distawed ffylied ffôl
O feirddon na fu urddol.

Bellach don fwynach danfoniad – gerddi
Gywirddwys o gariad,
Imi Siôn yma seiniad
Fawrgu llwydd fo er gwellhad.

John Roberts, 1784

3.

Prydydd awen, rhydd anrheg – mae'th ddoniau
Maith un awr yn rhedeg,
Gwna Jonathan, diddan deg,
Greu mwdwl o'r gramadeg.

Dienw

4.

Athraw coeth, burddoeth y beirdd
Yw Jonathan, fwynlan fardd,
Hughes, siŵr cydiwr cerdd,
Clau hoff yw yn clymu 'i ffordd.

Dafydd Marpole

5. Detholiad o gywydd i annerch Jonathan Hughes

Y prydydd o glymydd glân,
Brawd arail o bryd Eirian;
Hoywfrawd im' un hyfryd iawn,
Clyw dy annerch, clod uniawn:
Jonathan, wiwlan ei wedd,
Gŵr enwog mewn gwirionedd;
Gogoniant a gei genny',
Gair mawr a gei'n awr gen i,
Yn gynnes iawn ac annerch,
O frawdol gysonol serch.
Pwy o'r un dawn pêr i'n dydd?
Tirionwych tŵr awenydd,
Perchen awen gymen gall,
Un burach na neb arall:
Dilys neu felys foli
Duw Iôn, orau tôn, wyt ti,
Nid canu gwawd molawd merch,
Ac ynfyd foli gwenferch;
Nid rhoi ar led faledau,
Llawn gw'radwydd neu gelwydd gau;

58

Moli'r Iôn aml ei ras,
Cu fuddiol waith cyfaddas.

Prydydd pur eilydd pêr wyt,
Lliwdeg, fy nghyfaill ydwyt,
Medrus wyt mewn mydriaith,
Blodeugerdd awengerdd waith,
Gwyddost ti, ŵr gweddus teg,
Yr iaith ddilediaith loywdeg;
Tri enaid cerdd tra annwyl,
Saith gelfyddyd hyfryd hwyl;
O rhoes angau'n ddiau ddart,
Briw drwy ais ein brawd Risart:
Gwybod yr wyf fod gobaith
Am ei enaid, euraid iaith,
Ei fod e' mewn lle llawen,
Gwyn ei fyd, ac yn y nef wen,
Finnau sy 'mlodau f'einioes,
Tithau gaeaf dyddiau d'oes.
Diddanwch Duw a'i ddoniau,
Awen deg i ni ein dau,
Golwg ffydd fel y gwelom
Grist draw ar chwerw groes drom,
A chalon i ochelyd
Hen grefydd benrydd y byd;
Ar gynnydd beunydd y b'om,
Gwaed yr Iesu gwiw drosom.

David Thomas (Dafydd Ddu Eryri)

6. Detholiad o ateb Jonathan Hughes

Henffych well, y cyfell cu,
Rhywiogaidd sy'n f'anrhegu;
Dafydd areithydd yr iaith,
Dyfn eilydd da fanylwaith,
Cenaist a gweaist gywydd,
Dy waith mi ge's, daeth i'm gŵydd.

Prydydd, cyfieithydd, co faith,
Tra naturiol trin teiriaith,
Anfonaist, gyrraist gywrain
Gynghanedd, gysonedd sain,
Ataf fi mewn bri i'm bro,
Nawdd egwan, i'w ddiwygio.

Dy gywydd mwyn, rhwydd mewn rhan,
Ddiwygiaist yn ddiogan,
Lle na chaf ei g'rafun
O fewn dy waith fai ond un:
Sef gormod o glod i glaf,
Syml un sy aml ei anaf;
Nid wyf o'r dull mae d'air di,
Anian fwynaidd, yn f'enwi,
Ond eilchwyl y diolcha',
Deallus dwrn, dy 'wyllys da.
Da yw ystyr dy destun,
Praw' a ddaw i bob rhyw ddyn,
Lle d'wedaist, erfyniaist fod
Yn berwi awen barod,
I ganu mawl ddwyfawl ddawn,
Er cof am y Iôr cyfiawn;
Na phallo clod ei fod fyth,
I'r hylwydd wir wehelyth.

7. Englynion Dafydd Ddu uwchben bedd Jonathan Hughes

Ow'r hen fardd, yr hwn a fu – ogoniant
Gwlad Gwynedd am ganu;
Ei wingerdd, fardd awengu,
Oedd bêr ymysg llawer llu.

Iawn weithydd oedd Jonathan – ar wastad
Gyrdeddiad gair diddan;
Gresyndod gosod ei gân,
Awen gre', yn y graean.

I Ddafydd brydydd mewn bro – ddieithrol,
Sydd 'n athrist gwyno;
Mae galar bwn ac wylo
Wrth ganfod ei feddrod fo.
David Thomas (Dafydd Ddu Eryri)

8. Englynion o Fawl i *Gemwaith Awen*

Gemwaith hoyw-waith awen – ydyw'r llyfr
Dull hyfryd i'w ddarllen;
Cu allu y beirdd Collen,
Ym mrig iaith y Gymraeg wen.

Gemwaith gloyw-waith glân – awenydd
I Wynedd sydd ddiddan:
Aur offer gwiwber y gân,
A nithiodd y ddau Jonathan.
George Humphreys

9. Englynion a wnaed i annerch yr Hen Fardd

Brawd a thad barodwaith ych – Jonathan,
Iawn ethawl fardd doethwych,
Na fu odid fwy odwych
Am ddefnydd awenydd wych.

Rwy'n rhoi f'annerch i'ch perchi – o'm calon,
Mae caled bwys ofni
Yma arnaf, mewn oerni,
Na chawn ymddiddan â chwi.

Peth bynnag, ddi-nâg ddywenydd – gobeithio
Ga'i byth yn dragywydd,
Mai'r un rhan, â'm henw rhydd,
Cuf arfod a'n cyferfydd.

Adnabod gwiwnod eneidiau – gaffom
I goffa'n caniadau:
Er ein bywyd a'n beiau,
Duw er hyn sy'n trugarhau.

Thomas Edwards (Twm o'r Nant)

10. Beddargraff Jonathan Hughes

Am ddawnus gofus gyfan – wir sylwad
Ar sylwedd ddoeth gyngan,
Odid fawr yn llawr y llan,
Byth nythu bath Jonathan.

Thomas Edwards (Twm o'r Nant)

11. Er cof am Jonathan Hughes, 4 Ionawr 1828

Jonathan wiwlan ei wedd – fwyn alwad
Fu'n eiliaw cynghanedd;
Ninnau sydd yma'n unwedd
Yn ei fro, fo yn ei fedd.

John Jones, Llandynan

Ffynonellau

1-3: NLW Cwrtmawr 511, tt. 148-9.
4: NLW Cwrtmawr, 41, i, t. 44.
5-6: *GA*, tt. 209-212; NLW 573 D, t. 73.
7: NLW Cwrtmawr 41, ii, t. 188.
8: *GA*, t. 230.
9: *GA*, tt. 230-1; NLW 568 B.
10: NLW 348B, t. 98B.
11: NLW 573 D, t. 171.

Nodiadau

2. John Roberts: ?John Roberts, 'Siôn Lleyn' (1749-1817), bardd ac ysgolfeistr a ymsefydlodd ym Mhwllheli. Bu'n gohebu â llenorion amlwg ei ddydd, gan gynnwys Dafydd Ddu Eryri. Ymddengys fod cysylltiad rhyngddo â theulu Ty'n y Pistyll gan i Jonathan Hughes, y mab (1753-1834) ysgrifennu ato wedi marwolaeth ei dad i geisio ei gymorth i gasglu tanysgrifwyr ar gyfer y gyfrol *Gemwaith Awen* (NLW Cwrtmawr 4, 861E, t. 6/34).

4. Dafydd Marpole: bardd gwlad, fl. 1775-80.

5. David Thomas (Dafydd Ddu Eryri): (1759-1822), bardd, ysgolfeistr ac athro barddol o Arfon. Magodd nythaid o feirdd a elwid yn 'gywion Dafydd Ddu' ac yr oedd yn aelod gohebol o Gymdeithas y Gwyneddigion. Y mae'n amlwg o'r ohebiaeth a'r farddoniaeth a rannai â Jonathan Hughes fod ganddo feddwl mawr o'r 'Hen Fardd' o Langollen. Ymddengys i Jonathan Hughes y mab (1753-1834) gynnal y cyfeillgarwch â Dafydd Ddu wedi marwolaeth ei dad. Derbyniodd Dafydd Ddu englynion gan Jonathan Hughes y mab yn canmol ei gyfrol o farddoniaeth, *Corph y Gainc*, yn 1809, ac atebodd â'r englyn hwn:

> Er i Gollen hên huno – daw arall
> I dirion flodeuo;
> Un yn grên, wan yn y gro,
> Ac arall yn blaguro.   (NLW 325E, t. 127)

Eirian: un hardd, disglair.
canu gwawd: canu moliant.
yr iaith ddilediaith: yr iaith bur, heb lediaith.
Tri enaid cerdd: yn y gerdd o gyngor i brydyddion ifainc (rhif 15) mae Jonathan Hughes yn datgan mai'r gynghanedd, y mesur a sylwedd y sain yw 'tri enaid cerdd' dda.
Saith gelfyddyd: S. *seven liberal arts*. Dyma gyfeiriad at y saith elfen a oedd yn sylfaen i ysgolheictod yr Oesoedd Canol. Cf. Henri Perri, *Egluryn Ffraethineb sef dosbarth ar Retoreg: Un o'r Saith Gelfyddyd*, 1595 (Caerdydd, adarg., 1930).
Risiart: Richard Morris, m. 1779, neu Richard Parry, Llangollen (canodd Jonathan Hughes gywydd marwnad iddo, *BB*, t. 359, a *Blodeugerdd Barddas o Ganu Caeth y Ddeunawfed Ganrif*, t. 80).

6. teiriaith: a yw Jonathan Hughes yn awgrymu y medrai Dafydd Ddu Eryri dair iaith? Er na chafodd fawr o ysgol, mae'n amlwg y gallai Dafydd Ddu'r Saesneg yn rhugl, ac y mae tystiolaeth fod ganddo rywfaint o wybodaeth ynghylch yr iaith Ladin, Groeg a Hebraeg, gw. Thomas Parry, 'Dafydd Ddu Eryri, 1759-1822', *Trafodion Cymdeithas Hanes Sir Gaernarfon*, 41 (1980), 60.

7. yn y graean: yn y bedd.

8. George Humphreys: (1747?-1813), bardd a chlochydd o Lanrhaeadr-ym-Mochnant a chyfaill i Twm o'r Nant, yn ôl *Y Bywgraffiadur*. Y mae'n debygol iawn, felly, ei fod yn troi yn yr un cylchoedd barddol â Jonathan Hughes. Tebyg hefyd yw eu bod yn gyfeillion, gan ystyried y clod a rydd i waith Bardd Pengwern yn yr englynion hyn.

y ddau Jonathan: cyfeiriad at y ffaith fod Jonathan Hughes y mab (1753-1834), golygydd *Gemwaith Awen*, wedi llunio rhai o gerddi'r gyfrol.

9. Thomas Edwards (Twm o'r Nant): (1739-1810), bardd a phennaf anterliwtiwr Cymru'r ddeunawfed ganrif. Yn frodor o'r un sir â Jonathan Hughes, yr oedd y ddau yn adnabod ei gilydd yn dda, ond fel y dengys y Rhagarweiniad, perthynas gwerylgar a oedd rhyngddynt ar y cyfan. Fodd bynnag, yr oedd ganddynt barch uchel at waith y naill a'r llall, fel y dengys yr englynion hyn i gofio am Jonathan Hughes.

Cuf arfod: cyfle, amser neu sefyllfa gu, annwyl.

11. John Jones, Llandynan: mae'n bosibl ei fod yn fardd o Landynan ym mhlwyf Llandysilio-yn-Iâl, ger Llangollen.

2.

Cyffes Gŵr Ieuanc i'w Gariad

'Gwêl yr Adeilad'

Ystyria Fenws dirion,
Bydd ffyddlon, clyw fy nghwynion, claf anghenog,
Dyn wyf sy'n cario cerydd
O'th herwydd, llon ei dwyrudd, rwy'n llawn flinderog;
A'm cwyn: rhyw ddolur wyf i'w ddwyn,
Dy serch a'm clwyfodd, wrth hoffter gwirfodd,
Ryw fodd fo fagodd, oddi wrth dy 'madrodd mwyn,
Mae gennyt im', os mynni,
'Lusenni, eli swyn;
'Sgafnhau fy ochenaid a'm hiacháu
Sydd ar dy ddwylo, a'm gwir gysuro,
Os meiddi fentro i ymrwymo dan yr iau,
Hyd at wahaniad ange,
Sy'n rhifo dyddie dau.

Pan grëwyd mab o'r graean,
Nid cymwys oedd e' i hunan gan Dduw i'w henwi,
Nes tynnu merch o'i yslys,
I'w huno 'ngardd paradwys a'u priodi;
Un dyn gan ddwylo Duw ei hun,
Yn ddau a dorrwyd, a'r ddau'r un ffunud,
Yn ddau anwylyd, un lendid ac un lun,
Duw eilwaith a'u cysylltai,
Eneiniai'r ddau yn un;
Hyn a fu dechreuad cariad cu,
A natur nwyfus, sydd eto â'i h'wllys,
Er mor helbulus yw'r byd ffwdanus du,

Priodas urddas hardda'
Yw'r stad gysona' sy.

Fe'n lluniwyd o'r un priddyn
Yn fonedd a chyffredin er bod mawrhydi,
Nid ydyw bydol gyweth,
Tir, glynnoedd, ond rhagluniaeth Duw'r goleuni;
I rai rhydd olud, tir a thai,
Er bod eu dechrau mewn isel freintiau,
Gan ostwng graddau'r lleill i feddiannau llai,
I ddangos pwy ydyw hwyliwr
A thrinwr llanw a thrai;
Wrth hyn, on'd syniad ofer syn
Yw rhoi'n serchiadau ar gysgodau,
Anwadal bethau, fel llithrig donnau llyn,
A chwyth y gwynt ystormus,
Fel manus, ffordd y myn.

Bydd rhai'n priodi meysydd
Dan gwlwm at ei gilydd, tir, coedydd cydiant,
Ac eraill rhwng dwy goffor,
Priodas uchel onor mewn awch a luniant,
Rhoi dau drwy awydd dan yr iau,
Erioed na buon' mewn undeb ffyddlon,
Dan warrog Mamon nid cyfion yw eu cau,
Heb gariad gwir i'w gyrru,
I ymglymu yma'n glau;
Eu da mawr, os 'rhain a lithra i lawr,
Wrth fyw'n afradlon, fe dry'r 'madroddion
Yn eiriau duon, blaen surion blin eu sawr,
Bydd chw'rnu a mynych oernad
Anynad bob pen awr.

Am hynny, meinir hynod,
Na châr mo'r hyn sy'n darfod ac iddyn' derfyn,
Ystyria am gariad perffeth,
Pan basio pob hudoliaeth daw hwn i'n dilyn;

Nid oes gen i na mawl na moes
I ganu bwrdwn drwy demtasiwn,
Fel y'th hudwn er credu cwestiwn croes,
Ond cofia mai gwirionedd sy ddwysa' 'niwedd oes,
Nid a' i'th gyff'lybu i gangen ha',
Nag i'r planedau, na'r hen dduwiesau,
Na'r merched gorau,
Oedd bell mewn doniau da
Hen chwedlau coeg celwyddog,
Llais euog nis llesâ.

Mwy melys im' na moliant
Yw dweud y gwir yn bendant, â gwyneb undeb:
Os mentri, meinir lywaith,
Heb weniaith, hoff lawendaith, cei ffyddlondeb;
Ryw fodd fy mryd i'th garu ymrôdd,
Er nad cymesur yw mawl pechadur,
Rwy'n barnu'n gywir fod meinir wrth fy modd,
Os daw i'm rhan mi a'i cara',
Ac a'i gwela'n rhydda' rhodd;
Heb ffoi os wyt yn dweud y dôi
Mewn cariad ffyddlon, yn gwbl fodlon,
Na ad i athrodion,
Maith drymion, yma'th droi,
Na chw'dlyd chwedlau byrbwyll,
Dig ffrewyll, dy gyffroi.

Lle bytho ffansi a phurder,
Ni wiw mo'r siarad llawer mewn ofer afiaith,
Cydlynwn yn galonnog,
Dan gwlwm hardd goreurog, hir garwriaeth;
Ond ffrwyth gwir gariad maethiad mwyth
Yw'r holl drysorau, cawn ein cyfreidiau
O'r byd heb amau a'i bethau bob yn bwyth,
Ni waeth hyn os byddwn fodlon,
Nac aur melynion lwyth;
Tro, tro bydd ffyddlon ac na ffo,

A phwyntiwn ddiwrnod i ymgyfarfod,
I 'mrwymo i'r amod yn briod yn ein bro,
Fy meinir dros derm einioes,
Boed hiroes byrroes bo.

Dewisais di o'r merched
I'th gael fy mun wen gowled, i mi'n ymgeledd,
A blin yw cerydd cariad,
A thremio ar dy lygad arail agwedd;
Dy liw, tiriondeb gwyneb gwiw,
Dy raddol ruddiau, dy ddinam ddoniau,
Dy fêl wefusau, dy wiwlan aelau yw
'R hudoliaeth megis delwau,
A weithie i'm bronnau'r briw,
A 'rhain, ond cael dy gwmni cain,
A dry'n orfoledd i'm calon glafedd,
I'w chodi'n hoywedd, mor gliriedd, iach â'r glain,
I ganu i ti bereiddiach,
Cysonach, mwynach sain.

Ffynhonnell

BB, t. 311.

Darlleniadau'r testun

15. greuwyd, 29. lliniwyd or un priddin, 34. dechran, 43. meusydd, 56. Ananad, 62. temptasiwn, 63. credn, 76. cymhesur, 87. afiaeth.

Ffynhonnell arall

Llawysgrif NLW Cwrtmawr 41, i, t. 15 (ll. 74-113).
Ôl-nodyn: 'Jonathan Hughes ai Gwnaeth Rees Lloyd ai ysgrifenodd Tachwedd 4, 1764.'

Nodiadau

Yr oedd 'cyffes gŵr' yn un o *genres* poblogaidd canu rhydd yr ail ganrif ar bymtheg a'r ddeunawfed, ac yn y cerddi disgrifid dioddefaint llanc ifanc a oedd yn glaf o gariad. Dyrchafwyd y gariadferch hithau i'r entrychion â throsiadau serch cyfarwydd, megis 'gwen lliw'r eira' neu'r 'gangen las'. Ceir gan Jonathan Hughes ei hun gyffesion o'r fath, ac ar y cyfan, y mae'n debyg mai canu gorchestol, ffuantus oedd y cerddi hynny, heb iddynt fawr o ddidwylledd. Fodd bynnag, y mae'r gerdd arbennig hon yn bur wahanol i'r rhelyw. Er bod yma rai trawiadau cyfarwydd, megis y 'cerydd' a'r 'dolur' a ddioddefa'r bardd oherwydd ei 'fenws dirion', y mae yma hefyd athronyddu ynghylch cydraddoldeb rhywiol a darfodedigaeth dyn. Cais y bardd ddarbwyllo'r ferch i'w briodi drwy bwysleisio mai ofer yw ymserchu mewn unrhyw beth bydol, darfodedig. Eithr y mae cariad perffaith a phriodas yn elfennau sefydlog, disyfl a fydd yn fwy gwerthfawr iddynt na'r trysor mwyaf. Cyffesa nad yw am wenieithio drwy ganmol y ferch â chyffelybiaethau gweigion; yn hytrach y mae am gyflwyno iddi gais didwyll i ymrwymo ag ef mewn glân briodas. Hawdd fyddai dychmygu, felly, nad canu ar ran dyn arall, nac arfer unrhyw gonfensiwn a wna'r bardd yn y gerdd hon, eithr annerch ei ddarpar-wraig ei hunan, sef Mari Rhys, a briododd yn 1745 (gw. rhif 19). Sylwer hefyd ar y pwyslais diddorol ar briodi ar sail cariad, ac nid fel trefniant teuluaidd, economaidd. Gan ystyried ei ddatganiadau pruddglwyfus yn ei farwnad i'w wraig flynyddoedd lawer yn ddiweddarach, hawdd yw dychymygu mai cariad oedd sylfaen ei briodas ei hun.

Am ragor o sylwadau ar ganu serch Jonathan Hughes a baledwyr y ddeunawfed ganrif gw. S. M. Rosser, *Y Ferch ym Myd y Faled*, tt. 18-119.

Fenws: Venus, duwies cariad y Rhufeiniaid.

Os meiddi fentro . . . Hyd at wahaniad ange: adlais o'r gwasanaeth priodasol yn y *Llyfr Gweddi Gyffredin*, 'Hyd pan y'n gwahano angau'.

Pan grëwyd mab o'r graean: cyfeiriad at lunio dyn o bridd y ddaear, Genesis 2:7.

Nid cymwys oedd e' i hunan . . .: cyfeiriad at lunio Efa yn gymar i Adda, Genesis 2:18-24.

Duw eilwaith a'u cysylltai: adlais arall o'r gwasanaeth priodasol, 'Y rhai a gysylltodd Duw ynghyd, na wahaned dyn'.

ymrwymo dan yr iau: trosiad cyffredin ar gyfer priodi, S. *yoke*.

manus: mân us, peiswyn, cf. Salm 1:4, 'Nid felly y bydd yr annuwiol; ond fel mân us yr hwn a chwâl y gwynt ymaith'.

Bydd rhai'n priodi meysydd . . .: cyfeiriad at briodi er diben economaidd.

dan warrog Mamon: dan afael Mamon. Y mae'r bardd yn mynnu mai dan iau (gwarrog) cariad y dylid uno gŵr a gwraig ac nad yw'n gyfiawn uno pâr a gysylltir gan gyfoeth a golud yn unig. Sylwer y defnyddir ymadrodd tebyg i ddisgrifio angau ym marwnad Mary Phillips, 'Rym dan ei warrog yma'n wir', *BB*, t. 339.

dros derm einioes: defnyddir yr un ymadrodd ym marwnad Jonathan Hughes i'w wraig, Mari Rhys (rhif 19).

arail agwedd: golwg neu edrychiad gofalus, tyner.

mor gliriedd, iach â'r glain: ymadrodd cyffredin, mor bur â gem gwerthfawr.

3.

Breuddwyd Jonathan Hughes

'Tôn y Ceiliog Du' neu 'Three Settlers'

Fy holl gymdeithion fwynion fodd,
mewn agwedd rhwydd, mynega' i'n rhodd,
fel y bûm i'n cysgu yn drwm
ryw hirnos gaea' yng ngwaelod cwm;
rhyw le annelwig, unig oedd,
ymhlith cymdeithion, flinion floedd,
a dyffryn diffrwyth esmwyth iawn
a phawb yn cysgu yn hwyr brynhawn.

Nis gwyddwn i amcan i ba swydd
y daethwn i at y rhain yn rhwydd,
ond mi es i chware yn fawr fy chwys
yn 'y mlaen i dorri 'mlys,
ar 'u chw'ryddieth odieth iawn
heb wybod amcan beth a gawn,
a nhwythe yn deud nad oedd mo'r fael,
Och! oera' gwaith, am chware i gael.

Roedd pawb yn gwrando hyd y tir
ac yn gwybod cyn pen hir
y caent hwy ymado o hyn o le
a mynd nas gwyddent byd i ble;
mi welwn hefyd megis rhith
rhyw ddyn dieithrol yn 'u plith
yn cynnig dangos pen 'u taith
heb fawr yn medru dallt 'i iaith.

70

Carcharwr noeth sychedig gwan
a phawb i'w erlid ym mhob man
ac yn 'i watwor yn ddi-rôl
tan ddeud, 'Dos ymeth, down ar d'ôl';
pan weles i nhw felly i gyd
es inne yn ddigon llawn fy llid
i'w luchio â cherrig heb nacáu
a phoeri i'w ddannedd chw'rwedd clau;

Ac eto yn gwan hyderu o hyd
y dôi fo i'm twyso o'r dyffryn drud,
er cael gen i lawer sen
a mynych doriad ar 'i ben,
ac weithie tybiwn fod yn rhaid
cael 'i gymod yn ddi-baid,
er hyn ni ollyngwn mo'no i'm tŷ,
mwy na'r neidar, brochgar bry'.

Wrth hir 'i wawdio a ffrostio'n ffraeth
a'i weneithio, galw wnaeth
am 'fod yn clowed cei fo'n hallt
eisie medru'n awr fy nallt,
wrth hyn gollynges o efo'r graen
lle na base erioed o'r blaen,
pan gadd ef ddyfod gynta' i'm tŷ
fo saethodd ergyd Ciwpid cu.

A hwn a'm cipiodd gyda hyn
i anghynfiniol freiniol fryn,
tu ôl i'r dyffryn diffrwyth hynt
y bûm mewn chwaryddieth gynt,
mi welwn bob peth ynddo fe
mewn malla' llun ymhell o'i lle,
Dŵr, tân a daear a gwynt drachefn,
ymhlith 'i gilydd yn ddi-drefn.

Rhyw frenin enwog serchog sain
oedd yn t'yrnasu gyda 'rhain,
a gwyneb siriol, w'chol iach
ac yn 'i wegil grombil grach,
a'i frest fel melfed, eured wawr
a'i gefn yn gynrhawn surion sawr,
a'r chwaryddion, ffolion ffydd,
yn 'i addoli o ddydd i ddydd.

Mi welwn ddeillied ger 'i fron
yn rhythu 'i llyged arno'n llon,
a'r byddarion, wirion wawr,
yn gwrando pregeth bob pen awr,
a'r mudanied ym mhob lle
yn medru ymddiddan gydag e,
a'r cloffion tan bob caer a gwal
yn rhedeg am y cynta i'w ddal.

Mi edryches yn 'u plith lle roedd
Dyn yn marw, garw goedd,
a'r meirw yn dechre ymgasglu ynghyd
i'w roi yn y ddaear fyddar fud,
ac yn darllen iddo fe
nas gwyddent amcan byd pa be',
mewn iaith ddieithrol reiol ryw
o hen ddirgelion Cristion byw.

Wrth hyn y clown i wallt 'y mhen
yn codi i fyny tua'r nen,
erbyn gweled y tu cefn
i'r gymysgfa fawr ddi-drefn,
gofynnes i'm cydymeth gwyn,
pam yr oedd y rhain fel hyn,
ac yn addoli'r brenin ffôl
a hylled oedd o nawr tu nôl.

Fo ddeude 'nglân gydymeth mwyn,
mai dall oedd cariad serchiad swyn,
'Fel hyn y dwedaist, gwelaist, gwn,
na th'yrnasa'r brenin hwn
ond brenin arall gyda hwynt,
na welent mo'no mwy na'r gwynt,
ond wrth 'i sŵn y gallent ddallt
na cherdde'r afon ar yr allt.

'Oni bai i thithe eiste' i lawr
ym min y gulffordd, briffordd fawr,
a chardota, breua' briw,
i ofyn d'olwg, amlwg yw
ni chowsit weled mewn un rhith
mo'r fath altreth yn 'u plith,
ti fasit eto yn plygu glin
ac wedyn o'th fodd i'm gwawdio â'th fin.

'Pawb sy rŵan o'r wlad hon
yn amgylchynu'n lluoedd ger fy mron,
er hyn ni thorrant dan fy iau
mo'r edef sidan wrth nesáu,
pwy sy'n ceisio dringo'r allt
drwy'r mur haearn a'r môr hallt,
nac yn bwyta swga saig
ne'n cloddio'r gro hyd at y graig?

'Ond megis seirff pan fônt mewn llid
mynnu 'u gair y maent hwy i gyd,
ac fel c'lomennod, hwy ânt yn gall
i brynu mael i'w brenin mall,
a hwn sy â'r gyfreth ar 'i law
mewn truan dranc fo'u try nhw draw,
a'i gyflog yw marwoleth wael
heb ddiben ar 'u pryf i'w gael.

73

'Ond nid yw 'nghannwyll i o hyd
mewn lle dirgel yn y byd,
pob un a ddelo i mewn a gân'
oleuni dydd ar olfain dân,
ac os yn ôl y Gair yr eir
yn Nyffryn Ange gole a geir,
hwy allent landio wyneb ton
o le tywyll y wlad hon.

'Y corff sy'n cario llygad drwg
yn ôl y mae mewn niwl a mwg,
edrychant rhag i'r gole sy
ynddynt fod yn d'wyllwch du,
os bydd y corff yn ole yn wir
mae'r gannwyll yn goleuo yn glir,
rhydd fy nhad oleuni o'r ne'
i'r sawl a ofynne ganddo fe.'

Hyn iti sydd, ddarllenydd llon,
wrth 'i ryw fel briw i'th bron,
ac os ystyri hon o hyd,
dealli beth o dwyll y byd;
nid oes gen i na chas na gwawd
ond i bechod, f'annwyl frawd;
O! cymer wir ffydd rhybudd rhad
mewn gofal mawr ac efo ymwâd.

Ffynhonnell

NLW Cwrtmawr 41, i, t. 68 (1749).

Darlleniadau'r testun

13. chwryddiaeth odieth, 34. doe, 40. brochar brŷ, 48. seuthodd, 69. mydanied, 81.
clowni, 97. oni bae, 140. deualli.

Nodiadau

Y mae'r gerdd hon ar batrwm *Gweledigaethau y Bardd Cwsg*, Ellis Wynne, gwaith a
esgorodd ar liaws o efelychiadau yn ystod y ddeunawfed ganrif. Er bod y freuddwyd

neu'r weledigaeth yn *genre* cyffredin iawn yn llenyddiaeth y gorllewin, anodd yw peidio â gweld dylanwad uniongyrchol *Gweledigaethau* Ellis Wynne ar y gerdd hon. Y mae naws y pennill agoriadol, er enghraifft, yn debyg i ddechrau 'Gweledigaeth Angau', ac y mae yma hefyd elfennau sy'n cyfateb i 'Weledigaeth Cwrs y Byd' wrth i Jonathan Hughes feirniadu oferedd chwarae anterliwtiau (chwaryddiaeth) a chael ei gipio gan dywysydd nefol. Fodd bynnag, y mae hefyd wahaniaethau amlwg rhwng y *Gweledigaethau* a'r freuddwyd hon. Yn bennaf, sylwer nad yw Jonathan Hughes, yn wahanol i Ellis Wynne, yn ymhyfrydu yn y disgrifiadau dychrynllyd o bechod, eithr y mae diben cynghorol a didactig ei gerdd ef yn siapio'r mynegiant. Hefyd, er bod y naws yn bur debyg i'r *Gweledigaethau*, nid yw'r bardd yn y gerdd hon yn ymweld ag angau nac uffern ac y mae nifer o'r manylion, megis y disgrifiad o'r brenin llwgr, yn bur wahanol. Dychymyg bardd ifanc sydd ar waith yn y gerdd hon: fe'i copïwyd mewn llawysgrif yn 1749 pan oedd Jonathan Hughes yn 28 mlwydd oed. Y mae'r ffaith honno, a mesur syml y penillion yn peri fod hon yn un o gerddi mwyaf byrlymus y bardd, yn arbennig o'i chymharu â rhai o'i garolau athronyddol.

ryw hirnos gaea': Ellis Wynne, *Gweledigaethau y Bardd Cwsg*, gol. P. J. Donovan a
   G. Thomas (Llandysul, 1998), t. 59, 'ryw hirnos gaea' dduoer'.

dyffryn diffrwyth: ibid., t. 63, 'dyffryn pygddu . . . gwlad ddiffrwyth lom'.

rhyw ddyn dieithrol: hwn yw'r 'cydymaith gwyn', neu'r 'glân gydymaith' y cyfeirir
   ato yn ddiweddarach yn y gerdd.

i'w luchio â cherrig: i daflu cerrig ato.

brochgar bry: sarff ffyrnig.

ergyd Ciwpid: duw cariad y Rhufeiniaid. Dywedir bod ei saethau yn ennyn cariad.

Rhyw frenin enwog serchog sain . . .: dyma frenin a chanddo wyneb siriol a brest
   fel melfed, ond y mae crachen ar ei wegil (gwar) a chynrhon hyd ei gefn. Y mae'r
   bardd yn darlunio ffolineb a dallineb y bobl sy'n addoli'r fath anghenfil gan
   wyrdroi cyfeiriadau beiblaidd at Dduw a Christ a'u cymhwyso i'r brenin drwg a'i
   ddeiliaid. Er enghraifft, dywed fod y dall, y byddar, y mud a'r cloff yn gallu
   gweld y brenin drwg, ei glywed, ymddiddan ag ef a rhedeg ar ei ôl. Dyma
   wyrdroi'r gwyrthiau a gyflawnodd Crist yn ôl Eseia 35:5-6, Mathew 11:5 a Luc
   7:22.

Mi edryches yn 'u plith lle roedd/dyn yn marw . . .: disgrifir y meirw yn claddu'r
   meirw (cf. Mathew 8:22) gan ailadrodd 'iaith ddieithrol reiol' gwasanaeth
   claddu'r *Llyfr Gweddi Gyffredin*, ond heb ei ddeall am eu bod yn farw yn ysbrydol.
   Dyma adleisio'r datganiad ym mhennill 3 na allai'r bobl ddeall iaith yr ymwelydd
   nefol.

Oni bai i thithe eiste' i lawr/ym min y gulffordd, briffordd fawr . . .: cyfeiriad at
   Iesu yn iacháu cardotyn dall a eisteddai yn ymyl ffordd ger Jericho, Marc 10:46-
   52, Luc 18:35-43.

swga saig: bwyd aflan, ffiaidd. Defnyddia'r bardd yr un ymadrodd mewn carol
   blygain ar gyfer y flwyddyn 1750:

Y mae'r hen Adda heddyw yma,
A'r sarph gam ellyll a'i cymhella,
I fwytta'r swga saig.   (*BB*, t. 18)

Ond megis seirff pan fônt mewn llid . . ./ac fel c'lomennod, hwy ânt yn gall . . .:
unwaith eto, y mae'r bardd fel petai'n gwyrdroi'r gyfeiriadaeth feiblaidd gyfarwydd. Dywed Mathew 10:16 fod disgyblion Crist yn gall fel seirff a diniwed fel colomennod, eithr y mae deiliaid y brenin drwg megis seirff llidiog a cholomennod call yn y gerdd hon.

a'i gyflog yw marwolaeth wael: cyflog deiliaid y brenin drwg yw marwolaeth, gw. Rhufeiniaid 6:23, 'Canys cyflog pechod yw marwolaeth . . .'

prynu mael: prynu anrhegion, addoli.

heb ddiben ar 'u pryf i'w gael: dywed Marc 9:44 na fydd pryfed yn marw yn uffern.

Ond nid yw 'nghannwyll i o hyd/mewn lle dirgel yn y byd . . .: Luc 11:33, 'Ac nid yw neb wedi golau cannwyll yn ei gosod mewn lle dirgel, na than lestr; eithr ar ganhwyllbren, fel y gallo'r rhai a ddelo i mewn weled y goleuni'. Gw. hefyd Mathew 5:15 a Marc 4:21.

ar olfain dân: cyfeiriad at y ganhwyllbren lle gosodir y gannwyll er mwyn i bawb weld y goleuni.

yn Nyffryn Ange gole a geir: cyfeiriad at lewyrch Duw yn goleuo cysgod angau, Salm 23:4, Amos 5:8, Mathew 4:16, Luc 1:78-79.

Y corff sy'n cario llygad drwg . . .: Mathew 6:22-23, 'Cannwyll y corff yw'r llygad: am hynny o bydd dy lygad yn syml, dy holl gorff fydd yn olau. Eithr os bydd dy lygad yn ddrwg, dy holl gorff fydd yn dywyll'. Gw. hefyd Luc 11:34-36.

fel briw i'th bron: camdreiglo bwriadol. Yr oedd Jonathan Hughes yn arbennig o hoff o'r ymadrodd hwn, fel ymddengys, gw. 'briwo ein bron' (rhif 7).

Nid oes gen i na chas nad gwawd/ond i bechod, f'annwyl frawd: Ellis Wynne, *Gweledigaethau y Bardd Cwsg*, t. 45, 'Nid oedd yma na chas na llid, ond i bechod'.

BREUDDWYD JONATHAN HUGHES

'Tôn y Ceiliog Du' neu 'Three Settlers'

Fy holl__ gym - deith - ion fwyn - ion fodd, mewn
fel__ y bûm i'n cys - gu'n drwm ryw

ag - wedd rhwydd my - ne - ga i'n rhodd, __ rhyw
hir - nos gae - a yng ngwae - lod cwm; __ a

le an - nel - wig, u - nig oedd, __ ym -
dyff - ryn diff - rwyth es - mwyth iawn __ a

hlith cym - deith - ion, flin - ion floedd, __
phawb yn cys - gu'n hwyr bryn - hawn. __

4.

Cyngor i Ferched

'Susan Lygad-ddu'

Pob geneth frigog serchog swyn,
Fun glau feinglws, Fenws fwyn,
A ddelo wrth archiad codiad bys
I garu o'r llys i gwr y llwyn,
A phob merch a'ddfed, gowled gu,
Sy am ddal fel craig a meddwl cry',
Ac eto â'i natur yn llawn gwres,
Pan dwymo'n tres, diame' try;
Rhyw ffolion benillion, cynghorion,
Arwyddion rwy'n roi,
Na wyslwch mo'ch war i undyn a'ch câr,
Nes darfod yn glaear ei gloi,
Y pura' a'r cywira', ac yn gynta'
Mi a'm barna' fy hun,
Os torrwch ei flys cyn rhwymo mo'i fys,
Nid hanner mor owchus, yr un.

Pan fo gŵr heini'n berwi o chwant,
Mae i chwithau gofio ysgriwio'r tant,
Fe braw' o'ch sadrwydd, sobrwydd sêl,
Felusach mêl ar flas eich mant;
Pan gaffo gwalch, bendefig bas,
Ei lawn fodloni ar gangen las,
Mae arall, medd ei ffoledd ffug,
Dan wall a blyg, yn well ei blas.
Ac felly, lloer wengu, wrth eich gwasgu,
Os eich plygu chwi wneir,

78

Fe'ch gelwir yn ffôl, gan ddwedyd o'ch ôl,
Gwen arall ragorol a geir;
Pan fynnir, gadewir chwi meinir,
Ni ystyrir pa stad,
Yn ymddwyn un bach, a'r carwr yn iach,
Does haeach ei loywach drwy'r wlad.

Cyff'lyba' i'ch natur yn eich gwres,
I dŷ gŵr diog, swrth, di-les,
Uwchben ei annedd oeredd o
Mae purion to, tra parhao'r tes,
A chwithau'n tybio'ch bod fel y dur,
Neu fel y maen o fol y mur,
Tra byddo'r mab yn oer ei lais
Heb droi mewn cais i dryma' cur,
Pan elo i daer geisio ac i'ch moedro
Wrth deimlo'n ŵr dwys,
Mae natur yn gla', hi dawdd fel yr iâ
Neu gaseg o eira ar y gŵys,
A chwedi'ch bron heini, syrth arni
Rai desni bob dydd,
Pan welwch y fo, ar ôl rhoi i chwi dro
'N gwyllysio cael rhodio'n ŵr rhydd.

Ac yno'r tafod, mawrglod mwyn,
Oedd gynt fel melfed yn y llwyn,
A dry fel sach o liain bras,
Neu garthen gas a gwrthun gŵyn,
Ni fydd mo'r blys na brys na braw,
Yng nghanol oed i anghenu ei law,
A chwedi llygru a lledu'ch llun,
I'ch cwmni'r fun, pa ddyn a ddaw?
Rhai ferwant o nwyfiant a thrachwant,
Ymrwyfant am wraig,
Er cymaint eu cur, nid ydynt mor bur
Eu natur at sawyr hen saig;
Cewch gwynfan a griddfan mewn gogan

Dan duchan yn dost,
Ni phoriff yr ych, pan ddelo fe o'i rych,
Mo 'sborion y bustych wrth bost.

Pan syrthio cangen yn ei nwy',
Och! oera ei chlod, bydd chwerw ei chlwy',
Nid oes un geirda croywa' cred,
O unlle rêd i wenlliw'r wy,
Pe trôi mewn buchedd sanctedd sail,
Wedi cwympo a d'wyno eu dail,
Ar ôl y codwm cynta' i'r fun,
Ni choelia'r un, gochelai'r ail;
Os â i rywle, i blith llancie,
Cariade a'i gwele hi gynt,
Y rheini'n rhy lân o'i chwmni hi'r ân'
Ac heibio iddi rhedan' ar hynt,
A'i gado hi suro, heb osio
Na'i thrwyno, na'i thrin:
Llychwinodd ei chlod, allan ceiff fod,
Ar gafod yn rhyndod yr hin.

Pan ddyrner brig y dwysen des
Ar y llawr diffrwytha' ei lles,
Byth ni ail flodeua ei dawn,
Ni leinw ei grawn ar law na gwres,
Pan dripioch chwithau'n wysg eich cefn
I bla mun lwys ar blymen lefn,
Ni chodir byth o'r llaid neu'r llwch,
Mawr i chwi'ch trwch mor wych eich trefn;
'N ymddifad, cewch warchad yn wastad
Heb gariad na gŵr,
Y ffynnon wen glir, er cyrchu iddi'n hir,
A besir os d'wynir y dŵr:
Pob croyw ferch hoyw fydd heddiw
'N bur loyw ar y lan,
Deliwch yn dynn, a chofiwch am hyn,
Nes cychwyn yn llinyn i'r llan.

Ffynhonnell
BB, t. 302.

Darlleniadau'r testun
8. dwymno'n tres di ameu trŷ, 9. benhillion.

Ffynonellau Eraill
A. *BOWB* 142 (Amwythig tros John Jones) 'Cerdd o gyngor i ferched i ymgadw rhag gormed mabieth wrth garu. Yr hon ni fu erioed yn y preint or blaen ar black Eye Susan'.
B. NLW 9 B, t. 470 'Cyngor i Ferched Ifaingc ymgadw rhag Gweniaith Meibion'.
C. NLW Cwrtmawr 41B, 1, t. 87.

Nodiadau
Rhan o anterliwt 'goll' Jonathan Hughes, sef *Twyll y Cyllyll Hirion*, oedd y gerdd gyngor hon yn wreiddiol. Cenid hi gan gymeriad y ffŵl ac mewn nifer o anterliwtiau byddai cerdd gyngor y ffŵl yn llawn cyferiadau diamwys at ryw ac anniweirdeb merched; ond yn y gerdd hon y mae beirniadaeth hallt ar y llanciau anghyfrifol sy'n manteisio ar ddiniweidrwydd rhai merched. Rhybuddia'r bardd y merched yn y gynulleidfa i 'ymgadw'n bur' er eu lles eu hunain a chynigia nifer trawiadol o drosiadau o fyd natur am serch a rhyw er mwyn cryfhau ei neges. Am ragor o hanes y Cerddi Cyngor, gw. S. M. Rosser, *Y Ferch ym Myd y Faled*, tt. 78-89 ac A. Cynfael Lake, 'Puro'r anterliwt', *Taliesin*, 84 (1994), 30-9.

Y mae'r anterliwt *Twyll y Cyllyll Hirion* yn olrhain chwedl a oedd yn rhan bwysig o'r hanesyddiaeth draddodiadol Gymreig a gyflwynwyd gan Theophilus Evans yn *Drych y Prif Oesoedd* (1716/1740). Ceir ynddi hanes twyll Hors a Hengist, y brodyr Sacsonaidd a noddwyd gan Gwrtheyrn, brenin Prydain, i ymladd yn erbyn ei elynion. Wedi i'r Sacsoniaid gynorthwyo Gwrtheyrn, gorchfygwyd ef ei hun ganddynt drwy dwyll a chwympodd dwyrain Prydain i ddwylo'r Sacsoniaid. Pedair cerdd yn unig a oroesodd o anterliwt *Twyll y Cyllyll Hirion*: rhan o'r gerdd gyngor uchod, dwy gân a berthyn i brif stori'r anterliwt a chân y ffŵl ar ôl iddo gael ei ysgymuno o'r Eglwys (NLW Cwrtmawr 41B, tt. 66, 87-91). Er bod gweddill yr anterliwt wedi'i cholli, cafodd tair o'r cerddi eu cadw ar glawr fel cerddi annibynnol, heb unrhyw gysylltiad â'r anterliwt wreiddiol. Gwelir cân Hengist yn NLW 4971C, t. 174 ac yng nghyfrol O. M. Edwards, *Beirdd y Berwyn* (Llanuwchllyn, 1902?), t. 174, ac iddi'r teitl syml 'Cerdd y Saeson'. Ceir y gerdd am ysgymuniad y ffŵl yn llawysgrif NLW 573D, t. 57, ac yn *GA*, t. 58, ac y mae'r gerdd gyngor hon i'w chael mewn pedair ffynhonnell. Nid yw'r un o'r ffynonellau hyn, ac eithrio Cwrtmawr 41, yn cyfeirio at yr anterliwt wreiddiol.

Pan dwymo'n tres: pan gynhesa'r cyffro, cythrwfl (ceir camdreiglo bwriadol yn y llinell hon er mwyn cyflythrennu).
Na wyslwch mo'ch war: peidiwch â gwystlo eich gwar neu roi eich corff i un arall (eto, ceir camdreiglo bwriadol yn y llinell hon).

cyn rhwymo mo'i fys: cyn ei briodi.

ysgriwio'r tant: amrywiad llawysgrif B: 'sgwrio'r tant'. Y mae *Geiriadur Prifysgol Cymru* yn nodi ystyr rywiol bosibl i 'ysgriwio', ond yng nghyd-destun y gerdd hon, y mae'n ddelwedd o ddiweirdeb y ferch.

Fe braw' o'ch sadrwydd: fe fydd yn rhoi prawf ar eich diweirdeb. Amrywiad llawysgrifau A a B: 'Mewn gwŷn ir gorchwyl yno gwêl'.

Pan gaffo gwalch, bendefig bas,/Ei lawn fodloni . . .: amrywiad llawysgrifau A a B: 'Pan gaffo gwalch, bendefig bas, brofi saig heb leicio i blâs/fo fyn ei newid munud mwyn, mewn tyner gwyn gad honno ir gwâs'.

Yn ymddwyn un bach: yn dwyn neu yn cario baban, yn feichiog.

a'r carwr yn iach: a'r carwr â'i draed yn rhydd.

Does haeach: nid oes braidd/nemor un.

A chwithau'n tybio'ch bod fel y dur: cf. 'Ond cariad pur sydd fel y dur yn para tra bo dau', traddodiadol.

Ac yno'r tafod, mawrglod mwyn,/Oedd gynt fel melfed yn y llwyn . . .: yr oedd rhybuddio'n erbyn gweniaith gwŷr ifainc yn fotîff cyffredin iawn yn llenyddiaeth boblogaidd y cyfnod. Gw. S. M. Rosser, *Y Ferch ym Myd y Faled*, tt. 33-5.

anghenu ei law: ?angennu, eneinio ei law.

llygru a lledu'ch llun: beichiogi.

Rhai ferwant o nwyfiant a thrachwant: amrywiad llawysgrifau A a B: 'Y rheini sy'n berwi mewn cledi'n ymgrogi am gael gwraig'.

Llychwinodd ei chlod, allan ceiff fod: amrwyiad llawysgrif A: 'Gan ddweudyd ar frŷs gwell gwenith nag ŷs,/Anfelus yw Manys i min'.

ar gafod: mewn cawod o law.

Pan dripioch chwithau: roedd 'tripio', 'syrthio' neu 'gwympo' yn drosiadau cyffredin am gyfathrach rywiol.

ar blymen lefn: ar lwybr unionsyth, llithrig.

y ffynnon wen glir: trosiad am wyryfdod merch.

Deliwch yn dynn, a chofiwch am hyn,/Nes cychwyn yn llinyn i'r llan: cofiwch y cynghorion hyn a pheidiwch â cholli'ch gwyryfdod cyn priodi yn yr Eglwys. Amrywiad llawysgrifau A a B: 'Deliwch yn dynn na 'mollyngwch i'r llyn'.

Penillion clo: Ymddengys y penillion ychwanegol hyn ar derfyn y gerdd yn llawysgrifau A a B:

> Mae llawer lodes wantan
> Er dywedyd iddi'r cyfan:
> Un glust a'i derbyn tan ei Mwng
> Ar llall hi a'i gollwng allan

> Gwell i chwi gofio a chredu
> Mi ddywedaf i chwi hynny
> Rhag ofn y byddwch dan y rhwyd
> Yn begio bwyd i fagu

CYNGOR I FERCHED

'Susan Lygad Ddu'

Pob ge - neth fri - gog__ ser-chog swyn,   Fun__ glau
A phob merch add - fed,__ gow - led gu,   Sy am ddal fel

fein - glws, Fe - nws fwyn,   A dde - lo wrth arch - iad__ cod - iad
craig   a me - ddwl cry',   Ac e - to â'i na - tur__ yn llawn

bys   I ga - ru o'r llys i gwr y llwyn, Rhyw
gwres, Pan dwy - mo'r tres, di - a - me' try;   Y

ffol - ion be - nill - ion, cyng - hor - ion, Ar -
pu - ra, a'r cy - wi - ra, ac yn gyn - ta Mi a'm

wydd - ion rwy'n roi,   Na wys - lwch mo'ch
bar - na fy hun,   Os tor - rwch ei

war,   i un - dyn a'ch câr, Nes__
flys,   cyn rhwy - mo mo'i fys, Nid__

dar - fod yn glae - ar ei gloi,
han - ner mor ow - chus, yr un.

5

Cerdd i un a 'sbeiliodd gwch o wenyn a'r farn y mae'r prydydd yn ei weled fod yn addas iddo am ei ladrad

'Susan Lygad-ddu'

Pob Cymro ystyriol moddol mwyn,
Dowch ynghyd, gwrandewch fy nghwyn,
Mae gennyf chwedel garw gwir
O stori hir ar dir i'w dwyn:
Roedd gen i gastell o gwmpas maith
Yn llawn melyster, liwr laith,
Yn ddewr ei sail ar ddaear sych,
A'i gaerau yn wych o gowrain waith;
Caer droeog odidog luosog
Oreurog o ryw,
Caer glanas ei gwledd, caer gynnes ei gwedd,
Fel annedd dirionedd y dryw,
'Stafelloedd oedd gantoedd a miloedd
Yn gelloedd mawr gall,
Bob un o'r un bri, heb yn y fath ri',
Un lle yn rhagori ar 'llall.

Hwn oedd drysordy, llety llawn
O seigie' moethus, ddaionus ddawn,
Pob parlwr oedd fel perl ei ddrws,
A'i droeau'n dlws, wyn drwyadl iawn;
Ac ynddo wŷr arfogion fil,
Ag awchus galon, gwych o sgil,
Na fuase' gŵr â chledde', mi wn,

Yn tynnu hwn at un o'i hil:
Rhyfelwyr, yn bleidwyr i'w brodyr
Yn gywir ddi-gas,
A phawb o'r un llwydd, nad oedd yn ei swydd,
Ragoriaeth rhwng arglwydd a gwas;
Pawb hefyd, o'r hollfyd a'u harfwyd
Yn dywedyd yn deg,
Pob un ag na'u câr, fe a'u pasia nhw yn wâr,
Heb ddywed un gair hagar na rheg.

Wel dyna'r hanes cynnes cu,
Eirie' llawn, o wŷr y llu,
Mi ail fynega', gwaetha' gwaith,
Fael gwedd faith fel ag a fu:
D'ai at y gaer, castell cry',
Rhyw gene tost ar gefn nos du
O Iddew taerllyd surllyd sain,
Mewn llid i 'rhain yn lleidir hy;
Fo a'i mentrodd, fo a'i torrodd, fo a'i 'sbeiliodd,
Fo laddodd ei lu,
Meddiannodd bob peth, fo aeth yn ddi-feth
Â'u coweth a'u toreth o'u tŷ;
Ond cefnog galonnog odidog
Air enwog ŵr oedd,
Am fentro mor llon at armi fel hon,
Arfogion a blinion ei bloedd.

Gwrandewch fon'ddigion yn ddi-oed,
Sy'n perchen tai priddfeini a choed,
Bydd chwith pan elo'r gair ymhell:
'Sbeilio'r castell cryfa' erioed;
Pa beth yw'ch gweision ond cowion cla'
O flaen y fath ddyn, os hwn a fa',
Nid oes nemawr blas goreurog teg
Yn cadw deg o filwyr da;
Ni thâl prinder o nifer ar gyfer
Gŵr 'sgeler ei sgil,

A laddodd ar gais, mor lidiog 'i lais
Mewn tryfais traws falais tros fil;
Erlidiwch a deliwch nac oedwch,
Ymgodwch i gyd,
Er maint ydyw grym a gallu'r gŵr llym
Ni a'i dodwn o'n rhwym yn y did.

Pan ddelo'r Sesiwn, hyn sydd siŵr:
Trwy bura' gwaith rhaid bwrw'r gŵr,
A rhoi iddo un ai rhaff o gort
Ai transport i fynd i'r dŵr;
On'd ydyw hyn yn galed glwy',
Pan êl ar gwest fe farnant hwy:
'Digon bychan', medd y gwŷr,
'Fo haedde' gur a merthyr mwy;
Nid yw crogi a sibedu am ych drygu
Yn talu iddo'n iawn,
I'w farnu fo'n brudd, i ddiodde' ryw ddydd,
Dihenydd o newydd a wnawn:
Diosgwn a noethwn a rhwymwn
O wrth bastwn neu bost,
Ceiff gario mawr gur fel gwialen o ddur,
Mewn llafur diystyr yn dost.

'Yn noethlymun gefn y gwres,
Ar ddiwrnod hafddydd tywydd tes,
Rhoi'r gwenyn dicllon blinion blaid,
I'w ddotio rhaid o'r ddeutu'n rhes;
A than y cur yn sur ei ffroen,
Ceiff dario diwrnod, pennod poen,
I ddiodde' i'r gwenyn a'u colyn cas
Ei frathu yn gras oni fritho'i groen';
Pa benyd mor nychlyd a ellid
Drwy ferdid ar farn
'Roi ar y gŵr hy, na gado i'r fath lu
Ei anafu a'i sathru fo'n sarn;
Gwaeth gw'radwydd dihenydd, gwaeth cerydd

A chystudd a chost,
A garwach yw'r briw na'i flingo fo'n fyw
Gael dirmyg a distryw mor dost.

Nid rhaid mynegi'r stori o hyd
I'r dyla' ei ben o fewn y byd,
Cwch y gwenyn clirwyn claer:
Wel, dyna'r gaer a'r castell clyd,
A'r gwenyn oedd y milwyr mawr
Yn 'u harfe', gore' gwawr,
A'r mêl ei stôr a'r trysor trwm,
Cyn dwyn ei swm mor lwm i lawr;
Gŵr hagar, dichellgar, ystrywgar,
Yn lleidar mewn llid,
Ryw noswaith yn fain a fygodd y rhain
Ar ddamwain yn gelain i gyd;
Fo ddygodd, fo 'sgubodd, fo a'u heliodd,
Fo a'u llyfodd yn llwyr,
Fo a'm 'sbeiliodd yn glir, ni adawodd ar dir
I'm rhan i na'r crwybyr na'r cŵyr.

Nid gwiw rhoi melltith na chwaith un rheg
Mewn llid cas na lledu ceg,
Ceiff ddiodde'r farn a'r ferdid faith,
Chwerwa' taith, drwy chware' teg;
Rhown o'i gwmpas ddeunaw haid,
Neu beth ychwaneg os bydd rhaid,
I goffa ffair fo geiff ei ffis
I wneud yn is benode' ei naid;
Er iddo ar 'i ginio gael sipio
A maelio ar y mêl,
Pan gaffo yn ddi-glod 'boenydio am y nod,
Had wermod yw'r gwaelod fo a'i gwêl;
I'r moethus daintfelys sy'n rheibus
Anafus y nos,
Mae'n ffit i'r gŵr clau heb osio nacáu
I ganlyn ei seigiau gael sos.

Ffynhonnell
John Prys, *Dehonglydd y sêr neu almanac am flwyddyn o oedran y byd . . . 1750*
(Amwythig, 1750), t. 19.

Darlleniadau'r testun
35. gan i, 23. fuaseu gwr a chleddeu, blaidwyr yw, 30. dywaedyd, 32. ddywaed, 37.
Dae, 43. ynddi feth, 75. Yw, 117. ddau naw.

Nodiadau
Cyfansoddwyd nifer fawr o gerddi'n cwyno am ladron yn ystod y ddeunawfed
ganrif. Lluniodd Jonathan Hughes o leiaf bedair cân debyg, a chyfansoddwyd eraill
gan rai o faledwyr amlycaf y cyfnod megis Twm o'r Nant, Huw Jones Llangwm ac
Elis y Cowper. Yr oedd dychanu lladron yn hen gonfensiwn Cymraeg (Huw M.
Edwards, *Dafydd ap Gwilym: Influences and Analogues* (Oxford, 1996), tt. 50-1),
ond yn ogystal â chynnal hen arfer barddol yr oedd baledwyr hefyd yn ymateb i'r
ffaith mai lladrata oedd trosedd mwyaf cyffredin Cymru'r ddeunawfed ganrif (David
Howell, *Rural Poor in Eighteenth-Century Wales* (Caerdydd, 2000), t. 211). Yr oedd
dwyn yn gyffredin mewn cymunedau gwledig a chanolfannau trefol fel ei gilydd,
a chanodd Jonathan Hughes, er enghraifft, faledi am ladron yn dwyn dafad gan
William Williams o Nercwys (*GA*, t. 101), pum cengl o edafedd gan wraig weddw
(*GA*, t. 147) a chig gan wraig yng Nghwm Alis, ger Llangollen (William Jones (gol.),
Llu o Ganiadau (Croesoswallt, 1798), t. 38).

Y mae'r gerdd hon yn cynnwys nifer o'r elfennau cyffredin a geid mewn cerddi o'r
fath. Manylir ar y gwrthrych a ddygwyd, a dymunir i'r drwgweithredwr gael ei
gosbi'n hallt. Ond ceir yma hefyd ddyfeisgarwch barddol pur gelfydd. Y mae'r
disgrifiad manwl o adeiladwaith cywrain y 'gaer' a gweithgarwch y 'milwyr' oddi
mewn yn drawiadol tu hwnt, a chynhelir y trosiad pensaernïol a rhyfelgar hyd y
pennill olaf ond un. Ymddengys fod Jonathan Hughes yn edmygu harddwch y gaer
a ffyrnigrwydd a dewrder y gwenyn, ac oherwydd hynny ni all guddio'i ryfeddod i'r
lleidr lwyddo i ysbeilio'r cwch a dwyn y mêl blasus. Yn wir, y mae'n awgrymu'n
goeglyd y dylai pob bonheddwr fod ar ei wyliadwraeth gan y gallai'r lleidr gwrol
hwn fentro'n hawdd i'w cartrefi hwy ac yntau wedi lladd dros fil o filwyr arfog
eisoes! Rhaid, wrth gwrs, gosbi'r lleidr er gwaethaf ei ymdrech ddewr, ond yn
hytrach na galw am ei grogi (a oedd yn gyffredin mewn cerddi o'r fath), y mae
Jonathan Hughes yn galw am gosb a fyddai'n cyfateb i'r trosedd. Dymuna, felly,
weld y gwenyn eu hunain yn dial ar y lleidr, ac y mae hyn yn dwyn i gof y modd y
dychmygai awdur anhysbys 'Coed Glyn Cynon' weld yr adar yn cynnal achos yn
erbyn y Saeson a dorrodd y coed a oedd yn gartref iddynt (gw. Christine James,
'Coed Glyn Cynon' yn *Cwm Cynon: Cyfres y Cymoedd*, gol. Hywel Teifi Edwards
(Llandysul, 1997), t. 27).

Caer glanas: o 'glân', 'galanas' (cyflafan) neu 'calanas' (rhywle newydd).

Iddew taerllyd: Er y diddordeb mewn Hebraeg ymysg ysgolheigion Cymru'r ddeu-nawfed ganrif a'r berthynas agos rhwng rhai Cymry ac Iddewon (E. Wyn James, ' "A'r byd i gyd yn bapur . . .", Rhan 3: Dylanwadau Rhyngwladol – Sgansgrit a Hebraeg', *Canu Gwerin*, 27 (2004), 39-47), yr oedd delweddau negyddol o'r Iddewon yn amlwg ym marddoniaeth y cyfnod, fel yng nghanu Cymraeg yr Oesoedd Canol, gw. Grahame Davies (gol.), *The Chosen People: Wales and the Jews* (Pen-y-bont ar Ogwr, 2002), t. 12.

Pan ddelo'r Sesiwn: cyfeiriad at Lys y Sesiwn Fawr a fyddai'n ymweld â phob un o siroedd Cymru bedair gwaith y flwyddyn er mwyn ymdrin â'r achosion mwyaf difrifol, megis llofruddiaeth a lladrata.

rhaff o gort: rhaff o gortyn i grogi'r lleidr.

transport: cyfeiriad at yr arfer o drawsgludo troseddwyr yn hytrach na'u crogi neu eu carcharu ym Mhrydain.

am ych drygu: am eich drygu, am gyflawni drwgweithred yn eich erbyn.

sarn: sathredig, gw. *BB*, t. 128, 'Gorchymyn gair y bywyd, a sathrwyd yno'n sarn'.

had wermod: y mae'r wermod yn blanhigyn nodedig oherwydd ei flas chwerw (gw. Diarhebion 5:4).

heb osio nacáu: heb geisio gwrthod.

I ganlyn ei seigiau gael sos: pryd o dafod (sos) i ddilyn ei bryd o fwyd (seigiau).

6.

Hanes chwech o ddynion annuwiol a oedd yn aros yng Nghent yn agos i Deal, y rhai a wnaeth weithred ofnadwy iawn, sef mynd i gymryd eu sacrament yn enw'r cythrel, a syrthiodd barnedigaeth Duw arnynt fel y canlyn

'Gwêl yr Adeilad'

Cydneswch yma'r cwmni,
Gwrandewch ar hyn o stori sydd gen i ar ganiad,
Mae ynddi siampal ddigon
I bawb o'r annuwiolion sydd feirwon fwriad;
Clyw, clyw y tyngwr drwg ei ryw,
A chwithe'r meddwon, beth yw'r achosion
Eich bod chwi'r awron ar dir y dynion byw,
Wel dyma'r achos rhyfedd:
Trugaredd dofedd Duw;
Oni bai trugaredd, gwn y câi
Mawr niferoedd ym mhob dinasoedd
Eu bwrw'n lluoedd i'r moroedd mawr lle mae
Gelynion Duw'n cartrefu,
Ac yn profi gwely gwael.

Mae yma siampal ryfedd,
Am chwech o ddynion ffiedd ifengedd angall,
Yng Nghent, yn o gyfagos
I Deal yr oe'ynt yn aros mewn tyn oerwall;
Yn bur, egoraf henwe'r gwŷr,
John Williams ydi'r cynta' i'w henwi,
A Henry Crosby, John Novel wedyn 'n wir,

90

Will Jeffries, Joseph Thomas,
Rai diras iawn ar dir,
Ac un sydd eto i'w henwi ei hun,
Sef Robert Lewton, wel dyna'r dynion,
Annuwiolion, echryslon, wirion wŷn
A dynnodd Satan ddiffaith
Yn lanwaith ar ei lun.

Nhw eu hunen oedd yn tybio
Nad alle neb mo'i 'stwytho na gwyro ei gerydd,
Ac nad oedd Duw i gyfri',
Na chwaith un diawl i boeni dial beunydd;
Y gwŷr a gowsent yn ddi-gur,
Lawn ddysgeidigieth hylwydd heleth
I weld rheoleth iechydwrieth berffeth bur,
Ond bod gan 'rhain galonne,
A dorre gledde dur;
Yn fall, gofynne'r naill i'r llall,
'A yw chwi'n tybio, oes Duw ai peidio,
Nid wyf i'n coelio fod mo'no'n gwylio'n gall,
A gawn 'i demtio fe unweth
I edrych beth a all.'

'Rhain oedd yn dyngwyr tanbaid,
Ac yn offrymu eu henaid yn ffrom a hoenus
Tan ddweud, 'Ple mae Duw'n tario,
Sy'n addo garw friwlio pob gŵr afr'olus?'
'Pa sawl gwaith clywsom ganu ei fawl,
Erioed ni weles i ddim o'i hanes,
'Dwy'n coelio chwaith mo'i broffes, dawn diles, fod un diawl,
Yn sydyn pam os ydi,
Na Dduw fo i holi ei hawl,'
'Yr awr hon, 's oes Duw ar ddaear gron,
Awn i'w dreio, a oes gallu ynddo,
A rhoddwn gabal arno, i'w frifo ger ei fron,
Beth ydyw'r weithred honno,
A gawn 'i llunio'n llon.'

'Rhai dynion sy'n cymuno
Yn enw Duw heb ruso, diau, yn brysur,
Awn ninne â geirie gwrol
I gymuno'n enw'r diafol yn wŷr difyr,'
Pan wnaeth, wŷr moethus inni er maeth,
Y rheol honno i gymuno,
I hynny gwnaen' gytuno, ar ruthr yno'r aeth
Y rhain i'w cymun dirgel,
Yn enw'r cythrel caeth;
Yn hy, i'r fynwent gyfnos du,
Yr aent yn gefnog â thorth ddwy ge'niog,
A photel o win gwresog, modd bywiog yno bu
Drwg weithred, och! mor erwyn,
Amherchi'r cymun cu.

Er cynddrwg oedd eu buchedd,
Dangose Duw drugaredd i 'rhain drwy gariad,
Nhwy glywent lais yn gynnar,
I'w galw gyda galar oedd lafar lefiad,
'Wŷr ffôl anelwig, trowch yn ôl,
'Rwyf i i'ch rhybuddio chwi ddal eich dwylo,
Mae Duw uwch tir i'ch taro, mae'n briwlio gwŷr heb rôl,
Cewch weld fod gallu ynddo,
Pan ddalio chwi yn ei ddôl;'
Ymlaen er hyn i gyd yr aen',
Heb roi gwrandawiad i'r llais na'r llefiad,
Annuwiol oedd eu bwriad, naws cennad er nas caen',
A chynnig iddynt ffafar
Er hyn ni 'difarhaen'.

Wrth ddechre'r gorchwyl ynfyd,
Dôi eilwaith lais dychrynllyd, iâs enbyd swmbwl,
Pan glywent hynny'n hysbys
Dechreuant yn dra moddus wyrdroi eu meddwl,
Ond rhy hwyr oedd hi arnynt, Duw a'i gŵyr,
I ddechre ymgroesi pan oedd Duw'n ddifri',
A'i ddial wedi codi, a'i lid yn llenwi'n llwyr,

Enynnodd heb ddiffoddi,
Fel tân yn llosgi cŵyr;
Yn brudd y caed hwy'r boreddydd,
Mewn lled tri choetie, dan sad gyflyre,
A'u gwaed yn llifo o'u clustie a'u gene yn ddi-gudd,
Syrthiasant dan draed ange,
Drwy fodde go ddi-fudd.

Wel dyna'r gwŷr oedd gryfion,
Yn tybio eu bod yn fawrion, yn awr yn farwol,
O flaen barn Duw nid oeddynt
Ond us o flaen y corwynt cryf a gwrol;
Pob un sy mewn drygioni a gwŷn,
Na phoenwch dybio nad yw Duw'n gwylio,
Er iddo atal eto yn hir heb daro dyn,
Rhydd gyfion farn ar bechod
Â'i hynod law ei hun;
Duw mawr, pen llywydd nef a llawr,
Trwy nerth dy siample, tro di'n calonne
I adnabod ffyrdd dy ddeddfe a'th eisie, gore eu gwawr,
Gwna in' g'weirio gwely'n henaid
Yn hyn o euraid awr.

Ffynhonnell
BOWB, rhif 144 (Amwythig tros John Jones, 1750).

Darlleniadau'r testun
10. cae, 18. oeynt, 86. Doe . . . dychrynllyn, 103. gŵyn.

Nodiadau
Y mae'r faled gynnar hon gan Jonathan Hughes (1750) yn gwbl nodweddiadol o'r
farddoniaeth boblogaidd a argraffwyd ar ffurf pamffledi bychain yn ystod y ddeu-
nawfed ganrif. Yr oedd hanesion am gosb a barnedigaeth Duw yn hynod o gyffredin,
a sylwer ar y modd y cais Jonathan Hughes sicrhau ei gynulleidfa mai stori wir
yw hon. Cyfeiria at leoliad pendant (Deal yng Nghaint), ac at enwau'r chwe gŵr
annuwiol, hyd yn oed. Y mae'n bosibl i'r bardd seilio'r gerdd ar stori a ymddangos-
odd mewn papur newydd lleol, ond y mae hefyd yn bosibl mai chwedl werin ydyw.
Yn wir, ceir baled arall yn adrodd stori debyg iawn gan Jonathan Hughes ei hun. Yn

1750 ymddangosodd cerdd arall drwy law'r un gwerthwr, John Jones, sef 'Dechre
Cerdd ar King's Farwell na bu erioed allan or blaen yn dangos fel y bu i ŵr bon-
heddig o wlad yr Hâf i werthu ei hun ir Cythraul am aur ag arian. Gwreiddyn pob
drwg yn ariangarwch, 1750' (*BOWB* 142). Yna, rywbryd rhwng 1785 a 1816
argraffodd Ismael Davies, Trefriw destun rhyddiaith anhysbys yn adrodd fersiwn
diweddarach ar hanes y gwŷr annuwiol: 'Cosb Cableddwyr, sef Hanes gywir am
gyfiawn ac ofnadwy farn Duw ar chwech o Wyr Ieuanc yn BRODNEY yng ngwlad
yr Hâf, rhai a gyflawnasant weithred arswydus o Gymmuno yn enw'r cythrael: ac yn
ddi-atreg a ddynistriwyd mewn modd echryslon.' Yr un stori sydd yma, yn y bôn, ac
yr un yw enwau'r chwech hefyd. Ond sylwer i awdur y testun hwnnw fynnu mai ar
y '27ain o Fehefin diweddaf' y digwyddodd yr helynt, er i Jonathan Hughes adrodd
stori debyg iawn yn 1750!

Deal: tref ar arfordir gorllewinol Caint, i'r gogledd o Dover.

O flaen barn Duw nid oeddynt/Ond us o flaen y corwynt: Job 21:18, 'Y maent
hwy fel sofl o flaen gwynt, ac fel mân us yr hwn a gipia'r corwynt'. Gw. hefyd
Salm 1:4.

7

Carol Blygain, 1752

'Y Fedle Fawr'

Dyma'r diwrnod, ddifyr ddefod,
I ymgyfarfod â Duw'r Drindod
I ganu mawrglod mwyn;
Dyma'r boreddydd, cynnydd caniad,
Dyma'r Gwyliau mawr eu galwad
Yn dŵad eto ar dwyn;
Dyma'r dydd ar dymer da
Y llawenha'r angylion,
Dyma'r ŵyl, diame' 'roed,
Ddiddana erioed, i ddynion;
Nadolig gwir unig-
Anedig fab Duw nef,
Rhown seingar, addolgar,
'Wyllysgar lafar lef.

Histori'r testun, fel y mae'n canlyn,
Yr ŷm yn ei dderbyn, er yn fechgyn,
Bob blwyddyn yn ein plwy';
Carolau newydd fwyfwy beunydd,
A llailai sobrwydd o flaen yr Arglwydd,
Bob dydd o'u herwydd hwy;
Paham na byddai'n well ein ffrwyth,
Beth ydyw'r adwyth sy arnom?
Pa amla'r heuo Duw ei had,
Bydd lleia'n dŵad ynom;
Mae Satan fel cigfran,
A'i amcan gyfan gas

Am dderbyn pob gronyn
Rhag ennyn gwreiddyn gras.

Tir anffrwythlon ydyw'n calon,
Yn llawn mieri, llwyni mawrion,
Grawn surion ynddi sydd;
Creigle sychlyd, galed hefyd,
Oherwydd hesbrwydd bronnau ein hysbryd
Am ffynnon bywyd ffydd;
A dyfn yw gwraidd efengyl gras
Oddi wrth ein bas ddychmygion,
A thrwy'r llythyren, wyddor wan,
Sy ar wyneb glan yr eigion
Hawdd inni fynegi
Fod wedi geni gynt
Grist Iesu, i'n gwaredu,
Dan ganu geiriau gwynt.

Gwirionedd unig sy'n 'sgrifenedig,
Fe'i ganwyd e' ar y dydd pwyntiedig
O'r Fendigedig Fair;
Ein Duw tragwyddol, annherfynol,
A wnawd yn gnawdol ddyn naturiol,
Trwy ei fywiol, wrol air;
Pan gredai Mair y gair, heb gêl,
A ddwedai'r angel wrthi,
Trwy'r Gŵr a'i gwnaeth, âi'r Gair yn gnawd,
Pan ddaeth y traethawd ati;
Bu yno'n ymffurfio
'N cenhedlu ohono ei hun,
Nes gwneuthur creadur
A Duw o natur dyn.

Nid wrth ddisgwyliad clust na llygad
Y daeth ein Ceidwad, ond wrth archiad,
Portread Un Duw Tri;

Addolai Isr'el ef yn ei demel,
Ac a'i diystyrent e' wrth y buddel
A'i fron mor isel fri;
Doedd nemor un a gredai'n dda
Mai'r cu Feseia cyfion,
Barnwr lluoedd nef a llawr,
Oedd yno a'i wawr mor wirion,
Yn rhyfeddod i'w ganfod
Dan ormod syndod sen,
Mewn mebyd gwael nychlyd,
Heb agoryd gair o'i ben.

'R Iddewon cyfrwys, doeth, deallus,
A hir ddisgwylient yn ddi'sgeulus
Amdano'n ddawnus Dduw,
Ac ar ei amserol ddydd penodol,
Ni adwaenant mo'no'n Grist dymunol,
Ffansïol, reiol ryw;
Er darllen y proffwydi hen,
A chyfraith Moesen ddifri',
A chael datguddiad eglur iawn
Trwy gywir, lawn oleuni,
Dangosiad dyfodiad,
Agweddiad mab Duw gwyn,
Yn mynegi ei dlodi,
Ni chredai 'rheini er hyn.

Rŷm ninne' eto'n disgwyl wrtho,
Am gael ein rhifo'n ddefaid iddo
O nifer eiddo ei nyth;
'Chwanegwyd inni at y proffwydi,
Athrawiaeth Crist a'i brif eglwysi
Yn fwy goleuni fyth,
Er hyn ni adwaenom ninne' chwaith
Mo'i lais, na gwaith ei Ysbryd,
Mwy nag y 'dwaenai nhwythau ei ddrych
Wrth edrych ei wynebpryd;

Nid yw'n coegddall gnawd angall
Yn deall ysbryd Duw,
Na s'mudiad, cynhyrfiad
Ei rodiad yn ei ryw.

Nid yw fe'n dyfod â llais tafod,
Er hyn mae yng ngwaelod ein cydwybod
Yn taro traethod trwm;
Ni feddwn ninne yn ein calonne,
Un glust ysbrydol, fywiol fodde,
A glyw resyme heb swm;
Duw ynom sydd yn fawr ei sêl,
Bob dydd, heb gêl, yn galw:
'Clyw, deffro di, gysgadur swrth,
A chwyd oddi wrth y meirw,'
A ninne' a'n barn anian
Sy'n caru hepian hwy,
Heb ddirnad byddarni,
Trueni, c'ledi ein clwy'.

Mae Efa'n blysio ynom ni eto,
Gwell gennym wrando'r sarff sy'n twyllo
Na Duw sy'n briwo ein bron;
Gwell yw Barabbas, na'r Meseias,
Gwell troiad rhediad traed Herodias,
Na phen Elias lon;
Gwell bwyta siwgwr chwant y cnawd
Wrth wneuthur gwawd o'n gilydd,
Fel Esau'n gwerthu ein braint a'n hawl
Am saig o gawl, mae'n gywilydd;
Fel meibion afradlon
Yn ymborthi ar weigion wŷg,
Gweddillion moch budron,
Ein chwantau ffolion ffug.

Ym'hle mae rŵan neb yn griddfan
O'i fod e'n ddrwgweithredwr truan,

Carcharwr trwstan trist,
A'i bechod arno'n faich i'w flino,
Ac yn gadwyn rymus gwedi 'rwymo,
I hwn mae croeso Crist;
Nid rhaid i'r rhydd mo'r cael rhyddhad,
Na'r iach wellhad ffisigwr,
Nid rhaid i'r dyn sy'n ddi-ddylêd,
Na gair na chred meichnïwr,
Na'r wrachan mo'r trotian
Ag arian yn y gist,
Na'r pechadur diddolur
Mo gysur Iesu Grist.

Nyni'r prydyddion, pennau rhyddion,
Sy'n cymryd arnon fod yn loywon
A'n rhoddion heb ddim rhwd,
Yn gweiddi'n uchel, 'Dyma'r demel',
Dan ganu i'n Duw â'n genau'n dawel,
A'n bronnau'n rhyfel brwd;
Gwrandawn y farnedigaeth drist
A ddarfu i Grist egluro,
Gwyliwn dybio'n bod yn gall
Wrth dwyso'r dall i'w dwyllo,
Os oes ganddon ni'r awron
Dros demel Seion, sêl
Yn groyw i'w gwir enw
A gawn ei galw heb gêl.

Pa beth yw defnyddiau'r eglwys:
Nid sectiau crefydd, hen na newydd,
Nid teiau gweledydd, maes na mynydd,
Nid llennydd, trefydd trist;
Nid cyfarfode, nid piniwne,
Nid adeiladaeth, ond aelode
Sy'n diodde croese Crist;
Mae gwir aelodau'r eglwys wen
Yn un â'u Pen puredig,

A Christ yw'r pen, a'i gorff di-frych
Yw'r eglwys wych gatholig:
Tŷ nefol ysbrydol,
O feini bywiol yw,
Llys uchel Oen Isr'el,
A dirgel demel Duw.

Cyn'lleidfa, defaid y ffyddloniaid,
Medd egwyddorion, agwedd euraid
Ein hen hynafiaid ni;
Mae ei henw cymwys felly'n gorffwys
Yn llyfr cyffredin weddi'r eglwys,
Dawn hwylus, dyna hi;
Pan eir i'w chwilio hyd at ei gwraidd
Nid yw hi braidd i'w gweled,
Wrth leied sydd yn yr oes hon,
O ffyddlon ddofion ddefed,
Gwir eglur yw'r Ysgrythur
Os gellir ystyr hyn,
Mai praidd bychan sy 'nghorlan
Y Bugail gwiwlan gwyn.

Mae eto ysbryd Saul yn erlid
Y gywir eglwys, sy â'i gwir oglyd
Am fynd i'r bywyd byw;
Ac ysbryd Judas, rhagrith rhy gas,
Y gwesyn dieflig, gusan diflas,
Lle dêl cymdeithas Duw;
Er nad yw Herod yma ei hun
Na Pharo'n ddyn corfforol,
Mae eu hen ysbrydoedd nhw eto'n fyw
Yn ôl eu rhyw annuwiol;
Yn eigion y galon,
Maent fel gelynion glas,
A chwedi ymarfogi
'N ymgodi i groesi gras.

Rhwng Crist a Belial mae'r ymddial,
A'r enaid costus ar y cystal,
Am hwn mae'r treial trist;
On'd yw hi'n amser colli cellwer,
A mynd yn sawdwyr mewn dwys hyder
Dan faner cryfder Crist?
Addowsom hyn ers llawer dydd
Er mwyn cael bedydd mebyd,
Ond beth dâl addaw gwaith fel hwn
Oni chywirwn hefyd?
Milwriaeth nid chw'ryddiaeth
Yw bywyd perffaith pur
Y Cristion gwir ffyddlon,
Mae ar ei galon gur.

Roedd llawer iawn o sŵn achos diwygio calendr
y dyddiau hynny a newid gwyliau:
Am droi'r amserol ddyddiau misol,
Ni cheir ar siarad anfesurol
Gan ddynion bydol, baid;
Na farned ffolion, gwerin gwirion,
Mo'n penaethied yn annoethion,
Roedd rhyw anghenion rhaid;
Ni ofyn Duw â'i farn yn drom,
Pa ŵyl a wnaethom gadw?
Ond pa fath gred â chalon gron
Sydd tan ein bron ni heddiw?
'Fath gariad, derbyniad
Sy i air ein Ceidwad cu?
A pha bobol fucheddol,
Sain duwiol, sy yn ei dŷ?

Gochelwn weigion gau gynghorion,
Derbyniwn ddysg ymysg pob moddion
Bo bwriad calon bur;
Mewn ffydd Gristnogol ddibartïol,
Safwn yn ein lle trigiannol

Heb bwyso ar farwol fur;
Mae oedran Crist i'w rifo ar fyr,
A mynd trwy ystyr trostynt,
Saith ddeuddeg ugain a saith ddeg
A dwy flwydd wiwdeg ydynt,
Y rhif yma o'r oes ola',
A ddaeth heb ana' i ben,
A'r lleill eto sy'n brysio,
Duw ato a'n mynno, Amen.

Ffynhonnell
BB, t. 21.

Darlleniadau'r testun
21. flrwyth, 46. tragywyddol, 71. Iuddewon . . . deuallus, 81. Danghosiad, 233. ddeddeg.

Nodiadau
Y mae'r garol faith hon yn cynnig rhybudd a chyngor i blwyfolion yr ardal yn ystod Gwyliau'r Nadolig. Yn ogystal â rhyfeddu at wyrth yr Ymgnawdoliad, y mae'r bardd yn datgan ei bryder ynghylch ymddygiad anystywallt, annuwiol y bobl. Cais felly eu hannog i ddifrifoli ac ystyried cyflwr eu heneidiau. Cwyna fod digonedd o garolau newydd ar gael, ond bod 'llailai sobrwydd o flaen yr Arglwydd'. Y mae calonnau nifer o'r plwyfolion megis y tir anffrwythlon, hesb lle syrthiodd yr had yn Nameg yr Heuwr, ac er iddynt ganu am hanes geni'r Iesu, geiriau ofer (fel y gwynt) ydynt heb wir argyhoeddiad ffydd. Yna, manyla ar enedigaeth Crist gan bwysleisio mai baban egwan ydoedd. Ni ddisgwylid i'r Meseia ymddangos megis plentyn tlawd, diymadferth ac felly nid oedd yr Iddewon yn ei adnabod. Rhybuddia Jonathan Hughes y gynulleidfa rhag methu ag adnabod Crist, fel yr Iddewon gynt. Y mae yn eu hatgoffa na ellir ei weld yn gorfforol, ond gellir ei adnabod drwy'r gydwybod a'r galon, sef canolbwynt y bywyd ysbrydol, ym marn Jonathan Hughes. Fodd bynnag, cydnebydd fod temtasiwn a chwantau yn denu'r plwyfolion oddi wrth y llwybr cul, megis y denwyd Efa, Barabbas, Herodias, Esau a'r mab afradlon. Pwysleisia, felly, gyfrifoldeb y prydyddion i arwain ac addysgu'r bobl a gochel rhag tywys y 'dall i'w dwyllo'. Yna, aiff ati i egluro natur yr Eglwys: yr aelodau eu hunain yw'r deunydd pwysicaf, ofer felly yw'r sectau, yr opiniynau a hyd yn oed yr adeiladaeth. Adlewyrcha hyn bwyslais cyson Jonathan Hughes ar grefydd fel perthynas glòs, bersonol rhwng Duw a dyn. Rhaid ymarfogi yn erbyn gelynion yr Eglwys ac ymladd dan faner Crist.

I gloi, cyfeirir at ddiwygio'r calendr Prydeinig yn 1752 i gydymffurfio â'r calendr Gregoraidd a gaed ar y Cyfandir er 1582. Collodd pobl Prydain 11 diwrnod o'r flwyddyn a symudwyd dydd Calan i 1 Ionawr. Ceir cyfeiriad at y newid hwn yn y pennawd a ymddengys rhwng penillion 15 ac 16. Ym mhennill 16, awgrymir y bu'r diwygio hwn yn destun anfodlonrwydd, ond y mae Jonathan Hughes yn cynghori'r bobl i beidio â barnu'r awdurdodau. Wedi'r cyfan, dywed nad yr ŵyl ei hun sy'n bwysig, eithr y gred 'sydd tan ein bron' (ll. 220).

ar dwyn: yn amlwg, yn agored.

Pa amla'r heuo Duw ei had . . .: cyfeiriad at Ddameg yr Heuwr, Mathew 13, Marc 4, Luc 8.

Tir anffrwythlon ydyw'n calon: Jeremeia 17:9-10.

[y galon] Yn llawn mieri, llwyni mawrion: Hebreaid 6:8.

Grawn surion: Jeremeia 31:29.

Oherwydd hesbrwydd bronnau ein hysbryd: rhoddodd yr Arglwydd 'groth yn erthylu, a bronnau hysbion' i blant Israel 'am na wrandawsant arno ef', Hosea 9:14, 16.

geiriau gwynt: geiriau gwag, ofer.

Pan gredai Mair y gair, heb gêl . . .: mynegodd yr angel Gabriel wrth Mair y byddai hi'n esgor ar Fab y Goruchaf, 'A dywedodd Mair, Wele wasanaethyddes yr Arglwydd; bydded i mi yn ôl dy air di', Luc 1:38.

âi'r Gair yn gnawd: Ioan 1:14, 'A'r Gair a wnaethpwd yn gnawd . . .'

Nid wrth ddisgwyliad clust na llygad . . .: nid trwy'r clust na'r llygad yr eglurir 'y pethau a ddarparodd Duw i'r rhai a'i carant ef. Eithr Duw a'u heglurodd i ni trwy ei Ysbryd . . .', 1 Corinthiaid 2:9.

Barnwr lluoedd nef a llawr: ordeiniwyd Crist gan Dduw yn Farnwr i byw a'r meirw, Actau 10:42, 2 Timotheus 4:1.

o reiol ryw: o linach frenhinol.

Er darllen y proffwydi hen,/A chyfraith Moesen ddifri': er i'r Iddewon ddarllen yr Hen Destament a Chyfraith Moesen (Moses), ni chredent mai mab Duw oedd Crist pan ymddangosodd yn faban gwan mewn cadachau tlawd, gw. Ioan 1:9-11, 2 Corinthiaid 3:14-15.

Er hyn ni adwaenom ninne' chwaith/Mo'i lais . . .: nid adwaenwn lais yr Arglwydd yn galw arnom heddiw, yn yr un modd â'r Israeliaid a fethodd ag adnabod Crist.

mae yng ngwaelod ein cydwybod: y mae pwyslais y bardd ar lais Duw yn y gydwybod o bosibl yn adlewyrchu delweddaeth Morgan Llwyd (gweler y rhagarweiniad, tt. 26-7).

'Clyw, deffro di, gysgadur swrth,/A chwyd oddi wrth y meirw': Effesiaid 5:14, '. . . Deffro di yr hwn wyt yn cysgu, a chyfod oddi wrth y meirw; a Christ a oleua i ti'.

Mae Efa yn blysio ynom ni eto: mae pechod Efa yng ngardd Eden yn parhau i heintio'r ddynoliaeth, Genesis 3:1-6.

Barabbas: y llofrudd a ryddhawyd gan yr awdurdodau Rhufeinig ar gais yr Iddewon er mwyn croeshoelio Crist, Mathew 27:15-22, Marc 15:6-13, Luc 23:17-21, Ioan 18:38-40.

(y) Meseias: y Meseia, Crist.

Herodias: chwaer-yng-nghyfraith Herod a gymerwyd yn wraig ganddo. Collfarnwyd ef gan Ioan Fedyddiwr am gyflawni godineb â gwraig ei frawd. Er mwyn dial ar Ioan am y sarhad, mynnodd Herodias i'w ben gael ei dorri a'i gyflwyno iddi ar ddysgl, Mathew 14 1:12.

Elias: proffwyd o'r Hen Destament y credai'r Iddewon y byddai'n dychwelyd yn union cyn dyfodiad y Meseia, Mathew 17:10-13. Y mae Crist yn cyffelybu Ioan Fedyddiwr i Elias, Mathew 11:13-14, Luc 1:13-17. Y mae'r datganiad bod 'rhediad traed Herodias' yn apelio mwy atom 'na phen Elias (Ioan) lon' yn atgoffa'r gynulleidfa o dranc gwaedlyd Ioan.

chwant y cnawd: 1 Ioan 2:16.

Esau: mab hynaf Isaac a Rebeca a werthodd ei enedigaeth-fraint i Jacob, ei frawd iau, am bryd o gawl, Genesis 25:29-34.

Fel meibion afradlon: Dameg y mab afradlon, Luc 15:11-32.

ymborthi ar weigion wŷg: gwŷg, efrau, chwyn.

[Nid rhaid i'r] iach wellhad ffisigwr: nid oes angen meddyg ar yr iach, Mathew 9:12-13, Marc 2:17, Luc 5:31-32.

Na'r wrachan mo'r trotian: nid oes rhaid i'r hen wreigan brysuro.

Wrth dwyso'r dall i'w dwyllo: Mathew 15:14, '. . . Ac os y dall a dywys y dall, y ddau a syrthiasant yn y ffos,' gw. hefyd Luc 6:39.

gweledydd: y sawl sy'n profi gweledigaethau.

A Christ yw'r pen, a'i gorff . . . Yw'r eglwys: Effesiaid 1:22-23.

Llys uchel: Salm 78:69.

A dirgel demel Duw: Effesiaid 2:21, 1 Corinthiaid 3:16, 6:19, 2 Corinthiaid 6:16.

Dawn hwylus: rhodd.

praidd bychan sy 'nghorlan/Y bugail: Luc 12:32.

Mae eto ysbryd Saul yn erlid/Y gywir eglwys: bu Saul yn 'anrheithio'r eglwys' (Actau 8:1-3) cyn ei dröedigaeth ar y ffordd i Ddamascus.

Judas: Jwdas Iscariot, y disgybl a fradychodd Iesu Grist â'i 'gusan dieflig'.

Y gwesyn dieflig: Jwdas, gwas Satan, Ioan 13:2, 27, Luc 22:3.

Herod [a] Pharo: Dau erlidiwr pobl Dduw a'r Eglwys. Cafodd yr Israeliaid eu caethiwo gan Pharo yn yr Aifft (Exodus) a bu Herod yn erlid yr Eglwys gynnar, Actau 12.

Crist a Belial: mae Belial yn ddiafol a gysylltir yn aml â Satan, 2 Corinthiaid 6:15.

Sawdwyr . . ./Dan faner cryfder Crist: adlais o'r gwasanaeth bedyddio plentyn yn y *Llyfr Gweddi Gyffredin*. Wrth dderbyn y plentyn datgenir y bydd 'yn ymladd yn wrol dan faner Crist, yn erbyn pechod, y byd a'r cythraul; a pharhau yn filwr ffyddlon ac yn was i Grist holl ddyddiau ei einioes'.

Oni chywirwn [addewid]: cyflawni, cadw addewid.

chw'ryddiaeth: chwaryddiaeth, yr enw cyffredin ar anterliwt yn y ddeunawfed ganrif. Gallai hefyd olygu difyrrwch, adloniant, hapchwarae, ac ati.

Mae oedran Crist i'r rifo: yr oedd mydryddu oedran Crist yn elfen gyffredin yng ngharolau'r ail ganrif ar bymtheg a'r ddeunawfed.

heb ana': heb anaf, di-nam.

CAROL BLYGAIN, 1752

'Y Fedle Fawr'

Dy - ma'r diwr - nod, ddi - fyr_ dde - fod, I ym- gy - far - fod
Dy - ma'r bo -re- ddydd, cyn - nydd can - iad,_ Dy-ma'r Gwyl-iau

â__ Duw'r Drin - dod, I ga - nu__ mawr glod mwyn;
mawr_ eu__ gal - wad, Yn dŵ - ad__ e - to ar dwyn;

Dy - ma'r dydd ar dy - mer da_ Y__ lla-wen-ha'r a -
Dy - ma'r wyl, di - a - me' 'roed, Ddi - dda -na 'rioed i

ngyl - ion, Na - do - lig gwir u - nig
ddyn - ion; Rhown sein - gar, a - ddol - gar,

A - ne - dig fab Duw___ nef.
'Wy - llys - gar la - far___ lef.

8.

Cywydd i Annerch y Cymry

Hed g'lomen aden odiaeth
I fyny drwy Gymru gaeth,
Hed ar gân hyd wŷr Gwynedd
Sy'n caru gwaith caerog wedd;
Tros gula' fardd, trwsgl 'i foes,
Gŵr llwydgrin geiriau lledgroes,
Danfon fy oerion eiriau,
Rwy'n wan fy hunan i'w hau
O fôr i fôr heb forwyn,
Maith yw'r daith, methu rwy' dwyn;
I'r beirdd sydd â'r beraidd serch,
Dewr fennydd, dyro f'annerch,
Annerch mewn llannerch a llwyn
Gyneddfau y gân addfwyn,
A dalen dos i'w dwylaw
Ar gamrau dros Gymru draw,
Mewn arch o fawl, annerch Fôn,
Chwyrn yrfa, a Chaernarfon,
Dyro'n rhes, aderyn rhydd,
Fawr annerch i Feirionnydd,
Annerch Ddinbych, wych achau,
Llwybrau clod lle bu wŷr clau,
Od ei i sir y das arian,
Rywiog deg y garreg dân,
Cei geiniog mewn cu gwynion,
Mwyn arch hyf am annerch hon;
Eto dasg mae iti'i dwyn
Drafaeldaith i Drefaldwyn,
Eheda i'r Deheudir

Draw, saetha'r sŵn drwy'r saith sir,
Annerch brydyddion enwog,
Llunwyr gwaith mor llon â'r gôg,
A'r annerch sydd draserch drom,
Anghysur pan ddangosom,
Cwyno rwy' canu i'r awen,
Canfod bai fy ynfyd ben;
Dyn ydwyf sy dan adwyth,
Pren hoff ei rawn prin o ffrwyth,
Llafurio â llef euraid,
A blys i ganlyn y blaid,
Yr hen feirdd wŷr howyon f'oes,
Mawr 'u rhinwedd yr henoes,
Canfod gwaith y cynfyd gynt,
Methu hwylio maith helynt,
A'm pen a'r awen wan ryw
A'm iawn olrhain manylryw,
Di-dor di-daw yw'r awen,
Maith 'i ffordd mae eitha'i phen
Yn rhy ddyfn i unrhyw ddyn,
Wrth arfer gael 'i therfyn;
Rhai ar dir a hy deuran
Mai'r oes gynt bu'r eos gân,
Mae'r awen fyth yr un fodd,
Yn 'i phwyll oni phallodd,
Pallodd, hi gollodd 'i gair,
Ciaidd enw, cadd anair
Oddi wrth Saeson geirwon gêr,
A wnaeth gam â iaith Gomer,
Rhynnodd tafodau'r heniaith,
Nid oes un lle deue saith
O fonedd 'fewn Gwynedd gain
Â'r iawn aeg 'r un o ugain,
Brutaniaith famiaith a fu
Ucha'i sŵn i'w chusanu,
A'r bonedd haeledd hoywlon,
Clau ddawn teg, coleddent hon,

Ac yrwan nid yw g'ruaidd,
Mwyna' 'i bron moni braidd.
Saesnaeg oer aeg rywogaeth,
Sy'n ffrwd ym mhob cwmwd caeth,
Hon fel afon a lifodd,
Ac ynddi mewn gwaetha modd,
Gwela' foddi'r gelfyddyd,
Gallu'r beirdd a gyll o'r byd:
Annoethion yw'n penaethiaid,
Dysgawdwyr pleidwyr ein plaid,
Collwyd, anrheithwyd yr iaith,
Draws driniad, drwy estroniaith.
Ond wrth gymaint braint a bri
Ordeinwyd yn rhad inni,
Ceisiwn fyth mewn cyson fodd
Mwya' medrus ymadrodd;
Bawb deuwn i bob du-allt,
Bu'n brodyr hen mewn brwydr hallt,
Cerddwn gŵys cywirddawn gamp
A chulgaeth ffordd uchelgamp,
Ond dyn wyf i tan y fainc
Heb rwyddgu hy bereiddgainc,
Bardd o gardd heb urddau gŵr,
Heb un drych byw'n ymdrechwr,
Tynnu gair tonnog oeredd,
O'r awen wan yr un wedd
Â thynnu arth o Annwn
I'r cae i ymladd â'r cŵn,
Dieithrol wyf hyd wythran,
Mydr ddi-gloff, ymadrodd glân,
Ber yw'r awen heb reol
Golau nawr i galyn ôl
Troedle gwŷr trwyadl eu gwaith,
Ym mrigyn y Gymreigiaith;
Gramadeg cywreindeg ryw,
Nid adwyn pa fwyd ydyw,
Ni chefais mewn uwchafiaeth

O un llyfr fronnau a llaeth,
Llyfrau rheolau rhylesg,
Llyfrau 'nhad llafrwyn a hesg,
Gwawn oeddynt a gwan addysg
I sain y mab sy'n eu mysg,
Dysgais iaith araith ddyrys,
Cymraeg wan mor wag â'r us,
A honno'n brin hanner braith
Gam asgell o gymysgiaith,
Ond mae rhai gwŷr cywir call
A rhai'n hyrddod hannerddall.
Annoeth a doeth, unwaith daw
'R adeilad hon i'w dwylaw
Os caf sen, golomen glau,
Mynn nabod eu hwynebau,
Dangos im' pwy sydd fwya'
I'm lles deg a'm 'wllys da,
Gwell sen a dig llais un doeth
Enwog, na chusan annoeth;
Pob Cymro adwaeno'n deg
Rwym edef i ramadeg,
A seingudd cynnes angerdd,
Pelydr gwych paladr y gerdd,
A'i burnod faith, barned fi,
Bodlonaf im' byd 'leni,
Cerydded na 'rbeded byth,
Dan ei wers nid wy'n warsyth,
Dyna'r gŵr dro siŵr drwy serch,
Rwy' finne i roi f'annerch.

Ffynhonnell
John Prys, *Dehonglydd y sêr neu almanac am flwyddyn o oedran y byd . . . 1758*
(Amwythig, 1758), t. 17.

Ffynhonnell arall
Llawysgrif NLW Abertawe 1, t. 430, 'Y Piser Hir', casgliad y Parch. D. Ellis.

Nodiadau

Cynhyrchodd Jonathan Hughes nifer o gywyddau yn ogystal â cherddi rhydd, a dewiswyd cynnwys y cywydd hwn i gynrychioli cerddi caeth y bardd. Y mae yma rai diffygion cynganeddol ac ymddengys o'r amrywiadau a restrir isod i rywun dacluso'r cynganeddion ar gyfer y fersiwn sydd yn llawsygrif 'Y Piser Hir'. Anodd, wrth gwrs, yw gwybod ai diffygion Jonathan Hughes ei hun a welir yn y cywydd a ymddangosodd yn almanac John Prys, ynteu ai fersiwn 'Y Piser Hir' sydd agosaf at y cyfansoddiad gwreiddiol.

Ond nid cynrychioli cerddi caeth y bardd yn unig a wna'r cywydd hwn. Dyma gerdd sy'n mynegi'n groyw ddaliadau gwleidyddol a gwladgarol y bardd. Megis bardd canoloesol, y mae'n anfon aderyn yn llatai i ledaenu'i neges ledled y wlad. Ei fwriad yw annerch y beirdd a'u hannog i arddel yr iaith a'i llenyddiaeth yn wyneb llif y Saesneg 'sy'n ffrwd ym mhob cwmwd caeth'. Yn wir, ymddengys i rai o wladgarwyr y bedwaredd ganrif ar bymtheg uniaethu â galwad y bardd. Yn *Cymru Fydd*, Medi 1890, ymddangosodd y llinellau sy'n trafod llif y Saesneg a boddi'r gelfyddyd o dan y teitl 'Ofnau am yr Iaith'.

Hed g'lomen: Yr oedd anfon aderyn yn negesydd (llatai) yn un o gonfensiynau barddoniaeth yr Oesoedd Canol. Dewiswyd colomen, yn yr achos hwn, efallai oherwydd y cysylltiad â Salm 55:6, '. . . O na bai i mi adenydd fel colomen! yna yr ehedwn ymaith, ac y gorffwyswn'.

Tros gula' fardd, trwsgl 'i foes . . .: mae'r darlun truenus a gyflwyna Jonathan Hughes ohono'i hun yn gydnaws â'r hunanddirmyg a geir yn y rhagymadrodd i *Bardd a Byrddau*. Yn y llinellau hyn, honna nad yw ei 'awen wan' yn gymwys i annerch y beirdd. Yn ei gynghorion i brydyddion (rhif 15), y mae hefyd yn datgan nad oes ganddo fawr o hyder yn ei allu barddol.

Maith yw'r daith methu rwy' dwyn: amrywiad llawysgrif 'Taith glâf ni allaf ei dwyn'.

fennydd: camdreiglo ymennydd/'mennydd?

saith sir: saith sir y de (Penfro, Ceredigion, Caerfyrddin, Morgannwg, Gwent, Brycheiniog, Maesyfed).

Canfod bai fy ynfyd ben: amrywiad llawysgrif 'Gwn fod bai ag ynfyd ben'.

Dyn ydwyf sy dan adwyth: dan anffawd, aflwydd. Cf. 'Un dyn ydwyf yn dwyn adwyth', sef llinell agoriadol cân serch o gyffes gŵr i'w gariad, *BB*, t. 308.

Yr hen feirdd . . .: dengys Jonathan Hughes ymwybyddiaeth o hanes barddoniaeth gan gynnal y syniad fod caniadau'r gorffennol o safon uwch nag a geid yn ei oes ei hunan. Cofier am ei sylwadau am gerddi Taliesin yn englynion agoriadol *BB* (gw. t. 18).

Mawr 'i rhinwedd yr henoes: amrywiad llawysgrif 'A'u rhinwedd gynt oi henloes'.

Mae'r awen fyth yr un fodd: amrywiad llawysgrif 'Yr awen fyth sy'r un fodd'.

Saeson geirwon . . . A wnaeth gam â iaith Gomer: ymddengys i Jonathan Hughes osod y bai am ddirywiad barddoniaeth Gymraeg ar y Saeson am iddynt ddifrïo'r iaith Gymraeg a denu bonedd Cymru at y difyrrwch a'r ffasiynau a geid y tu hwnt i'r ffin. Y mae'r sylwadau gwrth-Seisnig hyn yn adlewyrchu cynnwys rhai o'r cerddi a oroesodd o'r anterliwt goll *Twyll y Cyllyll Hirion*, sy'n seiliedig ar y chwedl ynghylch cwymp y Brythoniaid yn sgil twyll y Saeson (gw. rhif 4).

iaith Gomer: y Gymraeg. Cyfeiriad at draddodiad a oedd mewn bri yn y ddeunawfed ganrif a honnai fod y Cymry yn ddisgynyddion i Gomer ap Jaffeth, un o wyrion Noa, traddodiad a gysylltai'r Gymraeg yn uniongyrchol â'r Hebraeg a Thŵr Babel, gw. E. Wyn James, '"Nes na'r hanesydd . . .": Owain Glyndŵr a llenyddiaeth Gymraeg y Cyfnod Modern. Rhan 2: Hanes yr Hen Brydain', *Taliesin*, 111 (2001), 118. Gw. hefyd 'hil Gomer' yn y gerdd a luniodd Jonathan Hughes pan oedd ar daith i werthu *Bardd a Byrddau* (rhif 14).

Â'r iawn aeg 'r un o ugain: nid oes un o blith ugain a chanddynt yr iaith (aeg) briodol, hynny yw, nid oes un o ugain yn medru'r Gymraeg. Amrywiad llawysgrif 'Iawn agwedd un o ugain'.

Brutaniaeth: y Gymraeg. Mae'r enw hwn yn amlygu gafael yr hen hanesyddiaeth draddodiadol Gymreig ar ddychymyg Jonathan Hughes. Yn ôl yr hanesyddiaeth hon, disgynyddion i Brutus o Gaerdroea, a'r gwir Brydeinwyr gwreiddiol, oedd y Cymry, gw. E. Wyn James, '"Nes na'r hanesydd . . ."', 117-126. Gw. hefyd 'Brutanwyr' yn y gerdd fawl i Ysgweier Miltwn, Castell y Waun (rhif 18).

Ac yrwan nid yw g'ruaidd: amrywiad llawysgrif 'Nid yw na gu na charuaidd'.

Saesnaeg oer aeg rywogaeth: amrywiad llawysgrif 'Sais'neg o grôg rywogaeth'

Ac ynddi mewn gwaetha' modd: amrywiad llawysgrif 'Drygair mawr a drwg yw'r modd'.

Collwyd, anrheithwyd yr iaith: er mai'r Gymraeg oedd unig iaith mwyafrif llethol y boblogaeth, y mae anobaith Jonathan Hughes yn gydnaws â phesimistiaeth ysgolheigion a charedigion llên y ddeunawfed ganrif. Am drafodaeth bellach, gw. S. M. Rosser, 'Baledi'r ffin: dylanwad y ffin ar faledi'r ddeunawfed ganrif', *Canu Gwerin*, 28 (2005), 3-19.

Mwya' medrus ymadrodd: amrywiad llawysgrif 'Lais medrus lwys ymadrodd'.

gair tonnog: iaith arw, aflednais.

Bardd o gardd: bardd o garcharor.

Annwn: isfyd chwedloniaeth Geltaidd.

Troedle gwŷr trwyadl eu gwaith: cymharer hyn ag englynion agoriadol *Bardd a Byrddau* sy'n sôn am ddilyn ôl troed beirdd y gorffennol.

Gramadeg cywreineg ryw,/Nid adwyn pa fwyd ydyw: honna'r bardd nad yw wedi'i addysgu yng ngramadeg y beirdd. Estynnir delwedd y gramadeg yn 'fwyd' yn y llinellau nesaf lle maentumia Jonathan Hughes na dderbyniodd 'fronnau a llaeth', hynny yw, ni chafodd faeth barddol, o'r un llyfr. Y mae hyn yn ategu'r sylwadau a geir yn y rhagymadrodd i *Bardd a Byrddau* ynghylch ei ddiffyg hyfforddiant barddol. Y mae '[b]ronnau a llaeth' hefyd yn drosiad sy'n adleisio'r modd y delweddir y Beibl megis 'llaeth y gair', 1 Pedr 2:2.

Llyfrau 'nhad llafrwyn a hesg . . .: cwyna nad oedd ym meddiant ei dad lyfrau a fyddai'n rhoi hyfforddiant barddol i gyw bardd. Gw. *BB*, t. iv.

Dysgais iaith araith ddyrys,/Cymraeg wan mor wag â'r us: yr oedd safon ei iaith yn destun pryder i Jonathan Hughes fel y dengys y cyfaddefiad yn y rhagymadrodd i *BB*, 'mi fenthycciais fwy o eiriau Saesonaeg nag a dalaf i fyth adref' (t. v).

Ond mae rhai gwŷr cywir call: amrywiad llawysgrif 'Rhai sydd wir wyr cywir call'.

A rhai'n hyrddon hannerddall: amrywiad llawysgrif 'Hyrddod yw'r lleill hannerddall'.

Gwell sen a dig llais un doeth/Enwog, na chusan annoeth: nid annog beirdd Cymru i barchu rheolau cerdd dafod yw unig bwrpas y cywydd hwn, fe ymddengys. Yn adran olaf y cywydd, y mae Jonathan yn galw ar y beirdd i gynnig sylwadau ar ei gerdd gan fynnu fod yn well ganddo gael beirniadaeth lem a theg na moliant disylwedd, gwenieithus.

na 'rbeded: na arbeded.

9.

Cerdd a wnaed pan oeddid yn rhoi *Patches*, neu henw'r plwyf ar y tlodion

'Ymadawiad y Brenin'

At ddyffryn Llanfair, freinlle enwog,
Gyrra' i'm llythyr, geiriau'n llwythog,
Anercha' 'n lanwaith a chalonnog
Y wlad wych ethol, tlawd a ch'waethog;
Breuddwydio wnes fod rhyw ymryson
Rhwng y penaethiaid a'r tylodion,
Ac i'r ddau ryw yma os gwiw,
Mi genais ryw gwynion,
I geisio eu gwneuthur nhw'n heddychlon,
Os gwnan' trwy degwch fel cymdogion:
Gobeithio rydwyf eu llonyddu,
Os ŷnt waed rhywiog gellir hynny,
Gorau cais yw atal trais,
O falais rhyfelu,
A gorau synnwyr lle bo ymsennu
Yw torri'r ddadl rhwng y ddeudu.

Dyma'r breuddwyd a'm cynhyrfai
I yrru ar ganiad hyn o'm genau:
Gwelwn fy mod â'm nod yn adyn
Ar ben Moel Llanfair yn noethlymun,
A rhyw un oedd yn cario gwrthban,
Teg rith gynnes, tua Garthgynan,
Galw a wnawn mewn lludded llawn,
A gawn i ryw hugan,

Gallasai hwnnw ddallt ei hunan,
Fod lle i mi rynnu'n llwm oer anian,
Ond fe'm hatebai yn glaear ddigon,
Fod rhaid cael cyngor o ffynogion,
Opiniwn pen a llaw gwŷr llên,
O'r llainwen yn union,
I edrych ydyw'r rhain yn fodlon
I wneud trugaredd â dyn gwirion.

Gorfod aros yno i oeri,
Tra bu y rhain yn ymgynghori,
Mewn casa' llechwedd ceisio llechu,
Rhwng grug ac eithin i besychu;
Ac yno i blith gwŷr penaethiaid,
Oedd dor-dynion, dôi'r wardeniaid,
Ac yn y man hwy bwyntien' ran
O'r gwrthban, tan liwied,
Ond hwn ni chawn, mewn tyn ochenaid,
Heb batch fel difalch bitch y defaid,
Ac yn fy nghorun i erbyn hynny
Yr oedd cân iddynt yn cynyddu,
Rhoi henw'r llan ar gefn dyn gwan
Fel hwrdd, i'm hanharddu,
Os rhoent ddilledyn i'm cynhesu,
Rhoi gwarth i'w ganlyn, rhag ei gelu.

Ni fynnai'r rhain gyfrannu'n dawel
Mo'u helusen yn y dirgel,
Heb udganu ymhell o'u blaenau,
I gael gweled yn y golau;
Er hyn yr oedd yn gynnes gen i
Gael darn o'r gwrthban rhag yr oerni,
Cyn mynd yn llen, 'ran roedd fy mhen
A'r awen ar rewi,
Ni fedrai'm synnwyr fawr gysoni
Un gair o'm pen gan gur i'm poeni:
Deffroes o'm cwsg yng nghanol hynny,

Gartre'r oeddwn yn fy ngwely,
Dechrau'n syn ddehongli hyn
Yn ddygyn ddiwegi,
A'm barn a ddaeth, fod gwŷr o gyfri'
Yn ddi'deiladaeth i dylodi.

Mi welwn fod llywiawdwyr bydol
Yn rhwymo amod anrhesymol,
Eu holl dylodion gwynion gweiniaid,
I'w sâl ddal yn isel ddeiliaid:
Rhoi nod arnyn' er mwyn eu dirnad,
Pwy sydd isel mewn gostyngiad,
A'r ucha' ei sain ymysg y rhain,
Os cywrain yw'ch cariad,
Nid ellwch daflu os dowch i deimlad,
Un garreg iddo, garw agweddiad.
Duw sy'n gostwng balch feddyliau,
Sydd yn eich hysbryd chwi a nhwythau,
A'r gwir Dduw gwyn orchmynnodd hyn,
Roi iddyn' a weddai,
A gochel dirwyn gorthrymderau,
Mewn un opiniwn, am eu pennau.

Nid yw'n dylodion, rai begerllyd,
Ond sydd dylodion yn yr ysbryd,
Nac yn g'waethogion berchen tiroedd,
Ond sydd â'u trysor yn y nefoedd;
Y chwi dylodion sydd mewn adfyd,
Ped fai chwi wir dylawd o ysbryd,
Bodlonwch fod yn glir ddi-glod
A chario'r nod hefyd,
Os rhôi'r blaenoriaid arnoch benyd,
Ni fedrwch omedd fyth ei gymryd,
A chwi g'waethogion lawn gornelau,
Ped fai'r nefoedd eich trysorau,
Ni cheisiech fyth roi chwerw chwyth,
Blin adwyth blanedau,

Ar y tylodion, llwydion ruddiau,
Ond rhoi'ch cu frodyr eu cyfreidiau.

Chwi wyddoch wrth eich llyfrau brithion,
Pa faint sy'n mynd yn rhaid tylodion,
Mae gennych gyfri' teg bob blwyddyn,
Pa faint o'ch eiddo roddwch iddyn';
Nid ych yn gwneud mo'ch bil un amser,
Pa faint sy'n mynd i borthi balchder,
Pe rhoech chwi hyn ar bapur gwyn
Fè fyddai'n gryn lawer,
Nid ydyw'r dreth dylodi o lewder
Mo ddegwm hwnnw, mi wn, na'i hanner:
Am hyn cyd-ddygwch â'ch trueiniaid
Fel ag y darfu eich hynafiaid,
A rhowch mewn hedd i'r rhain hyd fedd
O'ch mawredd ymwared,
A gwyliwch fod yn galon galed,
Ac osgo gwyn i wasgu gweinied.

Rwy'n gyrru atoch mewn gwir 'wyllys
Gân o heddwch yn gyhoeddus,
Er hyn ni fynnwn blygu'n uchel
Ond at wir reswm yn war isel;
A chwi dylodion, gyrraf atoch,
Gwyliwch hyn na ddygyn ddiogoch,
Ond cadw eich gair ym mhlwy' Llan-fair
Heb gellwair tra galloch,
Nid eill eich gwladwyr wrthod mo'noch
Fel hen geffylau gwan pan ffaelioch:
Ni waeth esgyrn y tylodion
Yn fwyd i'r gwelw bryfed gwaelion,
Na'r bloneg brau, â'n llwch a llau
Ar dorrau rhai dewrion,
Pan ewch i'r annedd hon yn union
Cewch chwi 'run ddygiad â'r bon'ddigion.

Ffynhonnell
GA, t. 50.

Darlleniadau'r testun
2. Gyrrai'm, 3. Annercha'n, 16. ddau-dy, 20. noeth-llymyn, 22. Garth-gynnan, 38. doe, 81. dyledion (amrywiad ffynonellau A a B: dylodion), 89. rhoe'r, 112. gwein-iaid (amrywiad ffynonellau A a B: gweinied).

Ffynonellau Eraill
A. John Prys, *Dehonglydd y sêr neu almanac am flwyddyn o oedran y byd . . . 1767* (Amwythig, 1767), t. 11.
B. NLW 573D, t. 52.

Nodiadau
Y mae'r gerdd grafog, feirniadol hon yn ymateb i ddull plwyf Llanfair Dyffryn Clwyd o ddwyn gwarth cyhoeddus ar y tlodion drwy eu gorfodi i wisgo dillad a chanddynt nod, neu 'batch' y plwyf arnynt. Yr oedd y galw cynyddol am elusen wedi peri i nifer o blwyfi fabwysiadu'r arfer hwn (David Howell, *The Rural Poor in Eighteenth-Century Wales* (Caerdydd, 2000), t. 99); ond yn amlwg, teimlai Jonathan Hughes ei fod yn arfer gwrthun ac anghristnogol. Yr oedd elusengarwch, fel y gwelir yn ei garol clwb, yn egwyddor hollbwysig yn nhyb y bardd. Credai mai dyletswydd pob Cristion oedd rhoi elusen i'r anghenus, ac y mae'r bardd yn atgoffa'r gynulleidfa o eiriau Crist a fynnodd y dylid cyfrannu elusen yn y dirgel, yn dawel ac yn anhysbys, ac nid trwy sarhau'r sawl sy'n ei derbyn.

Yn y gerdd hon gwelwn y bardd wedi'i gynhyrfu gan sefyllfa druenus, ond llwydda i ffrwyno'i lid drwy lunio cerdd drosiadol sy'n defnyddio fframwaith y freuddwyd er mwyn mynegi'i feirniadaeth ar 'benaethiaid' plwyf Llanfair.

Cwynodd Ellis Roberts, Elis y Cowper, hefyd am y modd yr oedd 'y bobl fawr yn ymlid y tylodion' yn Nyffryn Conwy (*BOWB*, rhif 76, Amwythig, 1759). Ym-ddengys fod plwyfi 'Hyd Eglwys bach a Llansanffraid' yn gosod nod y plwyf ar ddillad y tlodion a fyddai'n cardota hyd y fro. Y mae Ellis Roberts yn ymateb i'r sefyllfa drwy wawdio'r 'cwaethogion' wrth iddynt geisio hel y tlodion o'u golwg:

> Wel rhoswch gartre gnefon drwg
> Mae ganthoch olwg milen
> A ymrowch i grogi os cewch i le
> Yr holl hen gydeu wrth goeden
> Na ddowch ond hynny i'n crugo ni
> Sy an byw yn gwaethogion frigion fri
> Heb ddwy lythyren hefo chwi
> Yn bas ichwi mae yn bwys uchel . . .

Llanfair: Llanfair Dyffryn Clwyd.

Moel Llanfair: un o foelydd Bryniau Clwyd i'r de o Foel Fama.

Garthgynan: i'r gorllewin o Foel Llanfair tuag at Lanfair Dyffryn Clwyd.

gwŷr llên: clerigwyr.

dyn gwirion: dyn diniwed.

gwŷr penaethiaid,/ Oedd dor-dynion: a yw Jonathan Hughes yn ceisio awgrymu mai gwŷr boliog, a chanddynt 'dorrau' (boliau) oedd y penaethiaid hyn?

wardeniaid: swyddogion eglwysig y plwyf.

pitch: pyg, defnyddid fel nod ar wlân y defaid.

Ni fynnai'r rhain gyfrannu'n dawel/Mo'u helusen yn y dirgel,/Heb udganu ymhell o'u blaenau: Mathew 6:2, 4, 'Am hynny pan wnelych elusen, na utgana o'th flaen, fel y gwna'r rhagrithwyr . . . Fel y byddo dy elusen yn y dirgel . . .'

yn ddi'deiladaeth i dylodi: heb ystyriaeth tuag at y tlodion. Sylwer ar rai o benillion cân y ffŵl yn *Tri Chryfion Byd* gan Twm o'r Nant (gol. Norah Isaac, 1975, t. 30), sy'n terfynu â'r llinell 'Pob teiladaeth rhag tylodi'.

Duw sy'n gostwng balch feddyliau: cf. 1 Pedr 5:5-6, '. . . A byddwch bawb yn ostyngedig i'ch gilydd, ac ymdrwsiwch oddi fewn â gostyngeiddrwydd: oblegid y mae Duw yn gwrthwynebu'r beilchion . . .'

Nid yw'n dylodion . . ./Ond sydd dylodion yn yr ysbryd: Mathew 5:3, 'Gwyn eu byd y tlodion yn yr ysbryd: canys eiddynt yw teyrnas nefoedd'.

Nac yn g'waethogion berchen tiroedd,/Ond sydd â'u trysor yn y nefoedd: Mathew 6:20, 'Eithr trysorwch i chwi drysorau y nef . . .'; 19:21, 'Yr Iesu a ddywedodd wrtho, Os ewyllysi fod yn berffaith, dos, gwerth yr hyn sydd gennyt, a dyro i'r tylodion; a thi a gei drysor yn y nef: a thyred, canlyn fi'. Gw. hefyd Luc 12:33 a 18:22.

llyfrau brithion: llyfrau ysgrifenedig neu brintiedig; hynny yw, llyfrau'r plwyf neu gofnodion goruchwylwyr y tlodion.

Pan ewch i'r annedd hon yn union/Cewch chwi 'run ddygiad â'r bon'ddigion: bydd y tlawd a'r cyfoethog yn cael yr un driniaeth yn y bedd. Y mae hon yn hen thema a welir, er enghraifft, yng ngwaith Siôn Cent ac yng nghân Angau yn *Tri Chryfion Byd*, Twm o'r Nant (1975, tt. 64-5), 'O! rhyfedd y gwastadle eglur/Mysg dynol ryw wyf fi'n ei wneuthur,/Hyd onid yw y tlawd weinidog/Yn mwynhau'r un fraint â'i feistr c'waethog'.

CERDD A WNAED PAN OEDDID YN RHOI *PATCHES*, NEU HENW'R PLWYF AR Y TLODION

'Ymadawiad y Brenin'

At ddyff-ryn Llan - fair, frein-lle en- wog, Gyr-ra'i'm lly- thyr,__

geir-iau'n llwy- thog, An - ner-cha'n lan - waith a cha -lon- nog Y

wlad wych e - thol__ tlawd a chwaeth-og; Breu   -   ddwy -dio wnes fod
beith - io ry -dwyf

rhyw ym- ry-son Rhwng y pe -naeth-iaid a'r ty-lod-ion, Ac i'r ddau ryw__
eu llon-ydd- u, Os ŷnt waed rhyw-iog ge-llir hyn - ny, Go-rau cais yw

y-ma os gwiw, Mi ge-nais ryw__ gwyn-ion, I geis-io'u gwneu-thur
a - tal trais, o fa - lais rhy- fe - lu, A gor - au syn - nwyr

nhw'n he-ddych- lon, Os gwnan'trwy de - gwch fel cym-dog- ion: Go-
lle bo'm sen - nu, Yw tor - ri'r dda - dl rhwng y ddeu- du.

119

10

Carol Wyliau, 1769

'Ffarwél Ned Puw'

Pob Cymro mwyn, da ei swyn a'i serch,
Clywch ganiad annerch gennym,
Rhag ofn mynd llwydd y gwyliau'n llai,
Am rodio tai yr ydym;
Yr arfer hon gerbron fu â braint
Sydd rywfaint wedi arafu,
A'r oesau gynt aeth heibio 'mhell,
Roedd gwyneb gwell i ganu:
Ac eto'n ddiatal
Rwy'n chwennych ei chynnal,
Mi gana'i chwi siampal,
I'ch troi chwi gewch dreial
A gedwch chwi'n ddyfal y ddefod;
Ond gwir yw d'roganau,
Sy'n waethwaeth gyneddfau
Fod gwreiddyn pob graddau
Yn cau'n glosiach eu drysau,
Tan wnaethant hwy'r Gwyliau heb ddim gwaelod.

Rhai'n feilchion, rhai'n afradlon fron,
A'r lleill yn galon galed,
Y maent yn stiff er maint eu 'stôr,
Ni wnân nhw mo'r ymwared;
Rhai'n gyfrwys i roi aur yn llog,
Yn galw'n rog pob hogyn,
Mae'n coffa'r rhain, nis ceiff e'n rhwydd
Trwy lawn ddiddigrwydd ddegryn;

Mwy gwell gan y rheini,
Na charol na dyri,
Gael newydd i'w llonni,
'Dai'r farchnad yn codi,
Gwnâi hynny iddynt ferwi o ddifyrrwch:
'Dai newydd yn dyfod
Fod gwanc ar y Ffrancod
Ac arian yn barod,
Hwy aen' i'w cyfarfod
Tan neidio fel hyrddod 'gael harddwch.

Ni wiw i mi fynd at y rhain
Â'n geiriau cywrain carol,
Mewn rhai o deiau, plasau'r plwy',
Mae ymadrodd mwy cymedrol;
Mae eto rai o'r Cymry cu
A wrendy ar ganu gonest;
Awn at y rhain yn ddiwair hedd,
Cawn ran o'u gwledd a'u gloddest.
Gwŷr traed ydym heno,
Dianrhydedd yn rhodio,
Heb arian i'n dwylo
Nid allwn ni fforddio
Trafaelio rhag ffaelio ar geffylau,
Mae'r byd wedi newid,
Cloi'r ffordd heb ddim rhyddid,
Nid ellir mynd ergyd
Hyd gorsen o gegid
Na bydd yno ond odid ryw didau.

Rhaid talu ce'niog gryno gron,
Ped fai ond hon i'n poced,
Am fynd oddi yma hyd y sarn
Hyd acw am ddarn o diced;
Nid oes mo'r help mewn tre' na llan,
Mae'n rhaid i'r gwan fodloni
Tan ddelo Duw ag esmwythâd

I ddwyn ein gwlad o g'ledi.
Rheolwyr y gyfraith
Sy'n fawr eu cymyrraeth,
Yn gwneuthur marsiandaeth
O'r isel genhedlaeth,
Trwy ocraeth yn triniaeth trueniaid:
Gochelan' nhw'n greulon
Rhag hifio'n rhy hyfion,
Mae barn a chyfrifon
Ar ddwylaw Duw cyfion,
A chyflwr y gwaelion i'w gweled.

Mae dial barn yn dal y byd
O'i ddechrau hyd ei ddiwedd,
Am drais, gorthrymder, dicter Duw
Oedd gwlawio dilyw a dialedd;
Mae 'leni arwyddion ym mhob man,
Drwy dywydd annhymerus,
Gwlaw a dyfroedd llynnoedd llaith,
Tymhestloedd maith trwblaethus:
Nid ydyw ddim anos
I ddial ymddangos,
Er bod Duw'n hir aros
Ei e'ddigedd sydd agos
I gosbi pob achos o bechod:
Dialeddau mawr trymion
'Roes ar yr Iddewon,
Am g'ledwch eu calon
Nhw gawsant geryddon,
Cystuddiau tra hyllion mewn trallod.

Byddwn hawddgar, byddwn hael,
A gwnawn i'r gwael ymgeledd,
Drwy gofio'r gwyliau gorau gwawr,
Ein rhoed mewn mawr anrhydedd;
Gŵyl Nadolig, diddig da,
Y cawsom noddfa addfwyn,

Câi'r bendigedig, unig Air,
Ei eni o Fair y forwyn;
Drwy hwn y caed inni
Bob rheidiol fawrhydi,
Pob dawn a daioni,
Bendithion haelioni,
A phob rhyw dosturi a distawrwydd;
Mae ei oedran, heb amgen,
Tri phum-cant, tri thrigen,
A rhagor dri ugen,
Tri dau-dri drachefen,
Tri un-tri mewn daflen a dwy-flwydd.

Ffynhonnell
GA, t. 144.

Darlleniadau'r testun
15. gynheddfau, 16. gwreiddin, 17. drysia, 40. cymhedrol, 64. cymhyrraeth.

Ffynhonnell arall
Llawysgrif NLW 573D, t. 138. Ôl-nodyn 'John Hughes his hand 17[8?]1': y mae'n
bosibl mai John Hughes, mab ieuangaf Jonathan Hughes, a gopïodd y garol hon.
Ganwyd yn Nhy'n y Pistyll yn 1764 ond mudodd i Swydd Gaint yn ddiweddarach.
Bu'n gohebu â'i deulu'n gyson a derbyniodd nifer o englynion mewn llythyrau gan
ei dad, gan gynnwys cynghorion pan oedd yn byw am gyfnod yn Llundain (NLW
6696E, t. 8).

Nodiadau
Carol i'w chanu yn ystod tymor y Gwyliau traddodiadol, neu dymor y Nadolig, yw
hon. Fodd bynnag, nid carol blygain mohoni gan nad yw'n adrodd hanes Crist nac
yn cynnwys y diwinydda a gysylltir â'r ffurf honno. Yn hytrach, mae naws ychydig
yn fwy seciwlar i'r garol hon ac y mae'n debycach i garol waseila na charol blygain.
Cyfeiria at 'rodio tai' a chanu o ddrws i ddrws, ond cwyna ynghylch y dirywiad yn
yr arfer o groesawu'r beirdd ar yr aelwyd, a beirniada'r ariangarwyr sy'n llawenhau o
glywed fod y 'farchnad yn codi', ond heb awydd yn y byd i wrando ar garol neu
ddyri. Fodd bynnag, y mae Jonathan Hughes yn cynnig tystiolaeth ddiddorol fod
'eto rai o'r Cymry cu' yn cynnig ymgeledd i griwiau gwaseila. Daw'n amlwg nad
difaterwch yw'r unig rwystr i'r bardd deithio o gartref i gartref a chlywn ef yn
gresynu at y costau yr oedd yn rhaid eu talu er mwyn defnyddio priffyrdd yr ardal.

Y mae'r ariangarwch hwn yn arwydd o gyflwr pechadurus yr oes, yn ei dyb. Rhybudd-ia'r bardd y bydd Duw yn sicr o ddial arnynt ac y mae'n mynnu mai arwyddion o'r dialedd hwn yw'r tywydd tymhestlog a brofwyd y flwyddyn honno. Dychwel yn y pennill olaf i atgoffa'r gynulleidfa o enedigaeth Crist ac y mae'n mydryddu ei oed-ran, sef 1769, i gloi.

Am rodio tai yr ydym: cyfeiriad at yr arfer o waseila o ddrws i ddrws.

Yn cau'n glosiach eu drysau: cwyna'r bardd am y diffyg croeso a gaiff gan breswyl-wyr yr ardal.

'Dai'r farchnad yn codi: pe bai gwerth nwyddau yn codi. Ymddengys fod y bardd yn cwyno am agwedd gybyddlyd y bobl.

Mae eto rai o'r Cymru cu,/A wrendy ar ganu gonest: er ei fod yn ymwybodol o ddirywiad y gyfundrefn farddol, y mae Jonathan Hughes yn ymfalchïo fod ambell noddfa i'r beirdd i'w chael o hyd.

Gwŷr traed ydym heno: ni allent fforddio rhodio ar geffylau am y byddai'r doll i ddefnyddio'r ffyrdd yn uwch.

Cloi'r ffordd heb ddim rhyddid: cyfeiriad at gau'r tir comin a chodi tollbyrth a welwyd yn ail hanner y ddeunawfed ganrif. Sefydlwyd y ffordd dyrpeg gyntaf yng Nghymru rhwng Amwythig a Wrecsam yn 1752.

didau: un. tid, cadwyn, yn y cyd-destun hwn y clwydi a osodwyd ar y ffyrdd tyrpeg.

dicter Duw/Oedd gwlawio dilyw a dialedd: cyfeiriad at y dilyw a foddodd pob creadur byw ar y ddaear ac eithrio'r sawl a oedd yn arch Noa, Genesis 6-8.

Er bod Duw'n hir aros: 2 Pedr 3:20, 'Nid ydyw'r Arglwydd yn oedi ei addewid, fel y mae rhai yn cyfrif oed; ond hirymarhous yw efe tuag atom ni . . .'

Dialeddau mawr trymion/'Roes ar yr Iddewon,/Am g'ledwch eu calon,/Nhw gawsant geryddon: Hebreaid 3:15-17.

Ein rhoed: y rhoddwyd ni.

Tri phum cant, a thri thrigen . . .: mydryddu oedran Crist, 1769.

CAROL WYLIAU, 1769

'Ffarwél Ned Puw'

Pob Cym - ro mwyn, da ei swyn a'i serch, Clywch gan - iad
Rhag ofn mynd llwydd y— gwyl - iau'n llai, Am rod - io

an - nerch gen - nym, Yr— ar - fer— hon ger
tai yr y - dym; oe - sau— gynt aeth

bron fu a braint, Sydd ryw - faint we - di a - ra - fu. A'r—
heib - io— 'mhell, Roedd gwy - neb gwell i ga - nu;

Ac e - to'n ddi - a - tal, Rwy'n chwen - nych ei
Ond gwir yw d'ro - ga - nau, Sy'n waeth - waeth gy -

chyn - nal, Mi ga - na'i chwi siam - pal, I'ch troi chwi gewch
nedd - fau, Fod gwrei - ddyn pob gra - ddau'n cau'n glos - iach eu

drei - al, A ge - dwch chwi'n ddy - fal y dde - fod;_
dry - sau, Tan wnae - thant hwy'r Gwyl - iau heb ddim gwae - lod._

125

11.

Carol Blygain

'Gwêl yr Adeilad'

Cenhedlaeth i genhedlaeth
Sy'n cadw coffadwriaeth o'r Oen dirwest;
Angylion a cherubied,
Yn canu'r dydd y ganed e' ar duedd gonest;
Dydd yw yr ymddangosodd Duw
I'r byd gweledig, yn ddatguddiedig
O groth morwynig yn ddyn creëdig ryw,
Yn faban yn ei febyd,
Yn ysbryd bywyd byw.
Llu'r nef a roesant lafar lef,
Fod presenoldeb Duw yn y preseb,
Wrth weld disgleirdeb ei berffaith wyneb ef,
I ganu i frenin Salem,
Nhwy droen' i Fethlem dref.

Cyd-ganodd sêr y bore
Cyn geni hwn flynydde flaenion addysg,
Sef y proffwydi duwiol,
Pa rai oedd yn ei ganmol â dawn ddigymysg;
Nid oes, ni bu o oes i oes,
Yr un creadur daearol natur
Yn canu'n gywir mewn mesur mwyna' moes,
Ond ysbryd y rhai cyfion
Yn ffrwythlon a ddeffroes;
Hwn sydd yn deffro i deimlo'r dydd,
Er budd a bywyd, 'rŷm ninne'n dwedyd
Mai dyma'r ennyd y rhoddwyd ni oll yn rhydd,

Ond pwy sy'n rhydd gyfreithlon
Yn stad y galon gudd?

Mae llawer math o ryddid
Amdani pe 'mofynnid yma'n fanwl,
Mae dyn a rhyddid ganddo
I ddweud a gwneud a fynno i foddio ei feddwl
Yn rhydd a'i fywyd yn ddi-fudd,
Yn mynd lle paro trachwant iddo,
A'r rhyddid honno'n ei dwyso nos a dydd;
Os gwneir ni'n rhydd gan Iesu,
Nid bywyd felly fydd.
Pob caeth, i dynnu 'rheini daeth,
O dŷ'r caethiwed, y dyn archolled,
Ymhlith y lleiddied, rhydd nodded iddo wnaeth,
Yn rhwym i dalu dyled
Yr ened hwnnw'r aeth.

Dihareb glir a glywais,
Mai pob cyffelyb ymgais ac nid amgen,
Fel hyn daeth Crist i geisio
Rhai oedd gyffelyb iddo tua pha le bydden';
Tlawd, tlawd oedd e' yn nyddie'i gnawd,
A dirmyg dynion ac i'r tylodion,
Drylliedig galon efryddion, roedd e'n frawd,
Y rhai oedd ar y ddaear
Yn watwar ac yn wawd;
Roedd e' wrth rodio gwlad a thre'
Yn ŵr gofidus a dolurus,
Profedigaethus, trallodus ym mhob lle,
Ac felly roedd ei ddeiliaid
Diniwaid dan y ne'.

Rhoes air i atal rhyfyg,
I'r iach ni raid y Meddyg i roi dim iddo,
Nid oes air mwy cymesur,
Mor gymwys at ein natur ninne eto;

Ni bu a dweud y gwir yn hy,
Er amser Adda galonne cyfa'
Mor ddiana' nag sy 'nghyn'lleidfa'n llu,
Pwy sydd yn gla' ei gydwybod
Gan bechod, dyrnod du?
Gerbron rhai sydd yn yr oes hon,
Nid yw'n anghenraid wrth Feddyg enaid,
Does neb yn ddeilliaid ond pawb â llygaid llon,
Ni eilw un dyn amdano
Nes caffo friwo ei fron.

Mae'r Gair yn dweud fel yma,
Fod llygaid a mawr ana' i amryw ened,
Llygaid sy yn eu penne,
Ac heb ganhwylle gole i allu gweled;
Mawr yw dallineb dynol-ryw,
A Haul Cyfiawnder, yn ei ddisgleirder,
Yn twnnu'n dyner a'i bower i rai byw,
Ac nid i eneidie meirw
Sy heb wisgo delw Duw;
O hyd Crist yw goleuni'r byd,
Mae eto'n galw i ddeffro ei ddelw
I'w chodi a'i chadw o blith y meirw mud,
I gael goleuni nefol
Yn ei briodol bryd.

Eneidie anystyriol,
Nid hanes byr amserol yw hyn o siarad,
Mae Crist o ddifri' ddwyfron,
Yn ceisio corff a chalon at ffordd dychweliad;
Duw ŵyr faint yw'n colledion llwyr
Wrth garu molach hen fall gyfeilliach
Ac oedi 'mhellach i'w heiriach hi yn rhy hwyr,
Digofaint sy uwch ein penne
Fel fflame'n cynne cŵyr;
Yn brudd, tra bo'n ein dwylo'r dydd,
Gochelwn rydid rhwysg ieuenctid

Rhag mynd dan ergyd y farn a'r llid a fydd,
I fynwes Crist gorchmynnwyd
Inni ffoi mewn bywyd ffydd.

Gair gwir sy'n glir i'w ganfod,
Ffoi rhag y llid sy ar ddyfod, mae'n siŵr o ddifa,
A ni fel Sodom ofer
Yn clywed hwn fel cellwer drwy ryfyg hylla';
Mae sôn am hyn ym mhregeth Ioan,
I droi rhai di-ras o'i gymdeithas,
Rhaid ffrwythe addas i'r deyrnas cyn y dôn',
Pob pren yn dwyn ffrwyth arall
Rhoe'r fwyall ar ei fôn;
Nid cyn dyfodiad Crist roedd hyn,
Ond yn ei amser, roedd llid a dicter
At anghyfiawnder, bu'n arfer, toster tyn,
I lwyr lanhau ei lawr dyrnu,
Gwnâi chw'thu chwalu'r chwyn.

Gochelwn yma'n wamal
Fyw'n ddiofal drwy ymgynnal mewn drwg anian;
Nid ydyw Iesu i'w osod
Fel cysgod mur ei bechod, mawr na bychan;
Hawdd iawn dweud cysur, llythyr llawn
Trugaredd ened, heb ffydd na gweithred,
Crist inni 'aned, a'n gwared ganddo gawn,
Cyhoeddi hyn yn hyddysg
Heb ddim o'i ddysg na'i ddawn;
Twyll yw, a rheol ddrwg ei rhyw,
'R fath ymadroddion o benne 'nfydion,
Gwirionedd union rhaid bod yn Gristion byw
Yn stad y wisg briodas
Cyn mynd i deyrnas Duw.

Mae'n bleser gennym ganu
Gwers desach i Grist Iesu a mynnu mo'no,
A Christ mor ddieithr heddiw

Ag ydyw'r Twrc mawr acw sy 'nhir Morocco;
Ar hynt, down bellach at hen bwynt
Yr eglwys ffyddlon a'r prif Gristnogion,
Nid Crist fel estron oedd gan y dynion gynt,
Yn ysgwyd megis corsen
Ne' gawnen yn y gwynt;
Crist clau yn ymrwymo dan yr iau,
Yn un â'u bywyd, nhwy 'dwaenent hefyd
Ddelw eu 'nwylyd, yn ysbryd i'w bywhau,
Yn un cyd-gorff â hwnnw,
Nid oeddynt enw dau.

Trwy ras mae modd i ninne
Fod yr un fath â nhwythe a Duw i'n hethol,
Mae'r Gair yn ddrws agored
Yn ein galw i fyw'n ei nodded yn feunyddiol;
Heb wad rhaid 'styrio'r ddwy ystad,
Mae stad ddaearol a stad ysbrydol,
A'r ddwy'n wahanol, a Duw roes reol rad
O'r naill i'r llall i'n codi,
Hyn ydi ei ordinhad.
Os am wir grefydd Abraham,
Tad y ffyddloned, yr ŷm yn synied
Ôl traed y defed, nid ellir cerdded cam
Nes mynd o'r stad ddaearol
I'r nefol yn ddi-nam.

Disgynfa'r hen ddyn cynta'
Yw'r stad ddaearol yma, drwy ucha' dichell,
Sy o'r ddaear yn ddaearol,
Ac felly dôi ei holl bobol i'w dywyll babell;
A'r ail sydd stad ar sicrach sail,
Preswylfa Seilo, hiliogaeth Iago,
A'r nefol Athro sy'n gwir fugeilio ei gorlan gail,
Gwinw'dden Duw gynyddodd
Ni ddylodd un o'i ddail;
Pob un sy i ddiosg yr hen ddyn,

A gwisgo'r newydd, nid ffurf nac arwydd,
Nid ydyw crefydd, waith celfydd lliw na llun,
Na gwisg o unrhyw gysgod,
Ond hanfod Crist ei hun.

Mae'r 'sgrythur i'w chyflawni,
A Duw yn addo i ni newydd anian;
A gaffo ei gyflwr felly
Ei waith o wedi hynny yw i wadu ei hunan;
Fo wêl o'i galon yn ddi-gêl
Gyflawni a gwneuthur yr holl ysgrythur
Gan Iesu i'w gysur mewn synnwyr ac mewn sêl,
Mae'n profi'r Gair yn lluniaeth
'R un modd â llaeth a mêl;
Cyn hyn profasai'r deddfau'n dynn,
Fel dyfroedd Mara, archwaethiad chwerwa',
Yn saethe llyma' a phenna' gwaywffyn,
Yn curo megis cowri
I geisio'i olchi'n wyn.

Fel golchi'r llewpart brycha',
Neu grwyn y dynion dua' ar donnen daear,
Fel plygu calon Pharo,
Neu swyno ar dir i foddio'r neidr fyddar,
Yw rhoi gorchymyn i ni droi
O'r gadwynog ystad orweiddiog,
Lle mae'r sarff dorchog, gelwyddog wedi'n cloi,
O'r braidd oddi yno dichon,
Y cyfion ffyddlon ffoi;
Ffoi ble? I Grist drwy weddi gre',
Mae porth cul, bychan i ddyn fynd allan
Ohono ei hunan i mewn i'w anian e',
Does un ffordd arall gywrain
Yn arwain neb i'r ne'.

Rhai gŵyna mai go anodd
A thywyll yw'r ymadrodd, er medru ei ddwedyd;

Pwy oddef y fath addysg,
Pam na roid geirie hyddysg i rai gyrhaeddyd?
Pam y gwnaed o gyrredd cig a gwaed
Ddyfndere'r 'sgrythur fel môr o wydyr?
A chyfyng lwybyr pechadur byw ni chaed
A redai ei yrfa'n union,
Rhy drymion oedd ei draed;
Er hyn mae'r Gŵr sy ar y march gwyn
Yn troedio llwybrau'r môr a'r tonnau,
A'r llyfr agorai oedd tan y selau tyn,
Mae ganddo agoriadau
Ar bob mannau i bawb a'u myn.

Caniade'r oes a basiodd,
Sy'n coffa mewn ymadrodd am enw ei oedran,
Nid ydyw hyn ond anwes,
Fe ŵyr pob dyn iawn hanes hynny ei hunan;
Mae'i oed hyd furie a chaere a choed,
Sy er pan ei ganed, yn ole ei weled,
Ond pwy gan ddoethed, a fedro rhifed rhoed
Fesuriad ar flynydde
Sy heb ddechre ei radde 'rioed?
Ar gân rhown foliant fawr a mân,
I'r Tad a'n creue, i'r Mab a'n pryne,
A'r Ysbryd gole, o wir galonne glân,
Tri pherson mewn Un hanfod
Byw hynod heb wahân.

Ffynhonnell
BB, t. 166.

Darlleniadau'r testun
45. ymddanghosodd, 59. cymhesur, 139. agwnnw, 158. doe, 160. Shiloh, 161. ei corlan.

Nodiadau
Seinio mawl i Grist ar ddydd ei enedigaeth yw canolbwynt carolau plygain, wrth reswm, ac fe rydd y garol hon bwyslais arbennig ar *ganu* clodydd brenin nef. Y mae'r

greadigaeth gyfan a llu'r nef oll yn cydganu i ddathlu ei enedigaeth wrth i'r pennill
cyntaf adleisio Luc 2:13-14, 'Ac yn ddisymwth yr oedd gyda'r angel liaws o lu nefol,
yn moliannu Duw, ac yn dywedyd, Gogoniant yn y goruchaf i Dduw, ac ar y ddaear
tangnefedd, i ddynion ewyllys da'. Ond yn hytrach nag oedi â manylion y geni, try'r
bardd ei sylw at neges ysbrydol y Nadolig gan arddangos ei adnabyddiaeth drylwyr
o'r ysgrythur drwy ddehongli ac aralleirio adnodau lawer. Pwysleisia i Grist ryddhau
pob un o'i rwymau, ac mai ef yw'r grym a all ddeffro meidrolion o'u syrthni, eu
dallineb a'u mudandod. Er mwyn derbyn yr achubiaeth hon rhaid cydnabod nad
'hanes byr amserol' yw hanes y geni, ond bod Crist yn ceisio 'corff a chalon' pob un.
Dyma adlewyrchiad o gred y bardd mai trwy'r galon y deuir i adnabod Crist, a bod
rhaid i bawb ymwrthod â phechod a derbyn Crist megis priodferch 'Yn stad y wisg
briodas' er mwyn mynd i deyrnas Duw. Rhaid felly yw goresgyn pechod Adda, sef
'diosg yr hen ddyn' (Adda) a 'gwisgo'r newydd' (Crist). Efallai fod yma adlais o
ddiffyg hyder y bardd yn allanolion yr Eglwys pan ddywed nad 'ffurf nac arwydd . . .
waith celfydd lliw na llun' yw crefydd, eithr hanfod Crist yw sail Cristnogaeth.
Atgyfnerthir y syniad hwnnw yn y pennill clo wrth i'r bardd wrthod dilyn y con-
fensiwn cyffredin o rifo oedran Crist. Oferedd (anwes) yw datgan 'enw ei oedran',
meddai, heb adnabod Crist, yn hytrach seinir mawl drachefn i'r Drindod gan ddych-
welyd at y nodyn gorfoleddus a gafwyd yn y pennill agoriadol.

Salem: Caersalem/Jerusalem.
Nhwy droen' i Fethlem dref: cf. y bugeiliaid yn troi at Fethlehem, Luc 2:15.
Cyd-ganodd sêr y bore: Job 38:7.
y dyn archolled: y dyn clwyfedig, Crist.
Yn ŵr gofidus a dolurus: Eseia 53:3, 'Dirmygedig yw, a diystyraf o'r gwŷr; gŵr
    gofidus, a chynefin â dolur: ac yr oeddym megis yn cuddio ein hwynebau oddi
    wrtho: dirmygedig oedd, ac ni wnaethom gyfrif ohono'.
I'r iach ni raid y Meddyg i roi dim iddo: Mathew 9:12, Marc 2:17, Luc 5:31.
Er amser Adda galonne cyfa'/Mor ddiana' . . .: cf. Salm 51: 17.
[Nes caffo] friwo ei fron: [nes iddo] gael ei glwyfo; y mae hwn yn ymadrodd cyff-
    redin iawn yng ngwaith Jonathan Hughes.
Llygaid sy yn eu penne,/Ac heb ganhwylle gole i allu gweled: hynny yw, heb
    gannwyll y llygad; Eseia 6:9, 'Ac efe a ddywedodd, Dos, a dywed wrth y bobl hyn,
    Gan glywed clywch, ond na ddeellwch; a chan weled gwelwch, ond na wybyddwch'.
Haul Cyfiawnder: Malachi 4:2, 'Ond Haul cyfiawnder a gyfyd i chwi, y rhai yr
    ydych yn ofni fy enw . . .'.
Crist yw goleuni'r byd: Ioan 8:12, 'Yna y llefarodd yr Iesu wrthynt drachefn, gan
    ddywedyd, Goleuni'r byd ydwyf fi: yr hwn a'm dilyno i, ni rodia mewn tywyllwch,
    eithr efe a gaiff oleuni'r bywyd'.
Mae eto yn galw i ddeffro ei ddelw/I'w chodi a'i chadw o blith y meirw mud . . .:
    Effesiaid 5:14, 'Oherwydd paham y mae efe yn dywedyd, Deffro di yr hwn wyt
    yn cysgu, a chyfod oddi wrth y meirw; a Christ a oleua i ti'.

Gochelwn rydid rhwysg ieuenctid: 2 Timotheus 2:22, 'Ond chwantau ieuenctid, ffo oddi wrthynt: a dilyn gyfiawnder, ffydd, cariad, tangnefedd, gyda'r rhai sydd yn galw ar yr Arglwydd o galon brudd'.

. . . dan ergyd y farn a'r llid a fydd . . . Ffoi rhag y llid sy ar ddyfod: Mathew 3:7, Luc 3:7.

A ni fel Sodom ofer/Yn clywed hwn fel cellwer drwy ryfyg hylla': yr ydym megis trigolion Sodom a gredai fod Lot 'fel un yn cellwair' pan rybuddiodd y byddai Duw yn difetha'r ddinas oherwydd ei drygioni, Genesis 19:14, 23-9.

Mae sôn am hyn ym mhregeth Ioan . . .: mae'r pennill hwn yn aralleiriad o bregeth Ioan Fedyddiwr sy'n rhagfynegi dyfodiad Crist, Mathew 3:7-12, Luc 3:7-17.

y wisg briodas: priodas Oen Duw, Datguddiad: 19:5-10, priodasferch yr Oen, Datguddiad. 21:9-14.

Gwers desach: pennill gwag, ofer.

A Christ mor ddieithr heddiw/Ag ydyw'r Twrc mawr acw sy 'nhir Morocco: nid yw'r cyfeiriad hwn yn hanesyddol gywir gan nad oedd Morocco yn rhan o ymerodraeth Ottoman y Twrciaid yn y cyfnod hwn. Mae'n debyg bod 'Twrc' felly gyfystyr â 'gŵr Mwslemaidd', neu hyd yn oed 'bagan'. Cf. defnydd Ellis Wynne o'r enw 'Twrc' yn *Gweledigaethau y Bardd Cwsg*, gol. P. J. Donovan a G. Thomas (Llandysul, 1998), tt. 17, 33.

megis corsen/Ne' gawnen yn y gwynt: cawnen, brwynyn, gwelltyn, cf. Mathew 11:7, 'Ac a hwy yn myned ymaith, yr Iesu a ddechreuodd ddywedyd wrth y bobloedd am Ioan, Pa beth yr aethoch allan i'r anialwch i edrych amdano? ai corsen yn ysgwyd gan wynt?'

. . . nhwy 'dwaenant hefyd/Ddelw eu 'nwylyd, yn ysbryd i'w bywhau: 1 Corinthiaid 15:45, 49, 'Felly hefyd y mae yn ysgrifenedig, Y dyn cyntaf Adda a wnaed yn enaid byw, a'r Adda diwethaf yn ysbryd yn bywhau . . . Ac megis y dygasom ddelw y daearol, ni a ddygwn hefyd ddelw y nefol'. Gw. hefyd Effesiaid 2:1, 5, 14-16, 4:15-16.

Mae'r Gair yn ddrws agored: Datguddiad 3:8, '. . . wele, rhoddais ger dy fron ddrws agored, ac ni ddichon neb ei gau . . .', gw. hefyd Actau 14:27.

stad ddaearol a stad ysbrydol: 1 Corinthiad 15: 44-49.

Abraham, tad y ffyddloniend: Abraham oedd tad cenedl yr Israeliaid, Genesis 15:18-21.

Disgynfa'r hen ddyn cynta': Cwymp Adda yng ngardd Eden, Genesis 3.

Seilo: y Meseia, Genesis 49:10.

Iago: Jacob, un o dadau'r genedl Iddewig, mab Isaac a Rebecca ac ŵyr Abraham a Sara ac un o hynafiaid Iesu Grist.

Gwinw'dden Duw: Ioan 15:5, 'Myfi yw'r winwydden . . .'

diosg yr hen ddyn,/A gwisgo'r newydd . . .: Colosiaid 3: 9-10, 'Na ddywedwch gelwydd wrth eich gilydd, gan ddarfod i chwi ddiosg yr hen ddyn ynghyd â'i weithredoedd; A gwisgo'r newydd, yr hwn a adwaenir mewn gwybodaeth, yn ôl delw yr hwn a'i creodd ef'. Gw. hefyd Effeisiaid 4:20-24.

A Duw yn addo i ni newydd anian: 2 Pedr 1:4, 'Trwy'r hyn y rhoddwyd i ni addewidion mawr iawn a gwerthfawr; fel trwy'r rhai hyn y byddech gyfranogion o'r duwiol anian, wedi dianc oddi wrth y llygrediaeth sydd yn y byd trwy drachwant'.

Ei waith o wedi hynny yw i wadu ei hunan: rhaid i'r sawl sydd am ddilyn Crist eu gwadu eu hunain, codi'r groes a'i ganlyn, Mathew 16:24, Marc 8:34, Luc 9:23.

llaeth: 'llaeth y gair', 1 Pedr 2:2.

dyfroedd Mara: Exodus 15:23, 'A phan ddaethant i Mara, ni allent yfed dyfroedd Mara, am eu bod yn chwerwon . . .'

Fel golchi'r llewpart brycha',/Neu grwyn y dynion dua' . . .: Jeremeia 13:23, 'A newidia yr Ethiopiad ei groen, neu y llewpard ei frychni?'

Pharo: brenin yr Aifft a wrthododd ryddhau'r Israeliaid o'u caethiwed ac a foddwyd yn y Môr Coch wrth iddo erlid Moses a phobl Israel, Exodus 14:1-30.

neidr fyddar: Salm 58:4, 'Eu gwenwyn sydd fel gwenwyn sarff: y maent fel y neidr fyddar yr hon a gae ei chlustiau'.

sarff dorchog: cyfeiriad at dwyll y sarff yng ngardd Eden, Genesis 3:1-24.

ystad orweiddiog: cyflwr gorweiddiog, yn gorwedd ar ei hyd ar wely cystudd.

porth cul, bychan: cyfyng yw'r porth sy'n arwain i'r bywyd, Mathew 7:13-14, Luc 13:23-24. Gw. hefyd ddisgrifiad Ellis Wynne o'r porth cyfyng sy'n arwain at ddinas Immanuel, *Gweledigaethau y Bardd Cwsg*, t. 39.

fel môr o wydyr: gwelodd Ioan fôr o wydr o flaen gorsedd Duw yn Datguddiad 4:6, 15:2 a chofier am deitl cyfrol William Williams, Pantycelyn, *Caniadau y rhai sydd ar y Môr o Wydr* (1762).

march gwyn: yng ngweledigaeth Ioan ymddangosodd ceffyl gwyn ac arno farchog o'r enw Ffyddlon a Gwir, Datguddiad 19:11-16.

A'r llyfr agorai oedd tan y selau tyn: Datguddiad 5.

Agoriadau: Datguddiad 1:18, '. . . ac y mae gennyf agoriadau uffern a marwolaeth'.

CAROL BLYGAIN

'Gwêl yr Adeilad'

Cen - hed-laeth i gen - hed-laeth Sy'n ca-dw co-ffa-
A - ngyl-ion a che - rub - ied, Yn ca-nu'r dydd y

dwr - iaeth o'r Oen___ dir - west; Dydd
ga - ned e ar du - edd go - nest; Llu'r

yw yr ym -ddang - o - sodd Duw I'r
nef a roe - sant la - far lef, Fod

byd gwe-le - dig, yn ddat -gu-ddie-dig O groth mo-rwy-nig yn
pre-se-nol-deb Duw yn y pre-seb, Wrth weld dis - gleir-deb ei

ddyn crë - e - dig ryw, Yn fa - ban yn ei
ber - ffaith wy - neb ef, I ga - nu i fre - nin

fe - byd, Yn ysb - ryd by - wyd byw.
Sa - lem, 'Nhwy droen' i Feth - lem dref.

12.

Ychydig o hanes am Gaynor Hughes y fenyw o Landderfel, yr hon sy'n gorwedd ers pedair blynedd, ac yn byw heb ddim cynhaliaeth

'Charity Meistres'

Clywch draethod hynod hanes
Mewn cyffes cân, geill mawr a mân
Ei gymryd yn athrawiaeth,
Drych o ragluniaeth glân;
Fel y mae Duw'n rhybuddio,
Yn gweithio'n gwadd, pob oes a gadd
I'w cymell, fuddiol foddion,
Arwyddion amryw radd;
Mae rŵan wir amlygiad
O weithrediad Un a Thri,
Ei ddysg a'i ddawn, fel llythyr llawn,
Sy'n eglur iawn i ni;
Ar fenyw 'n Sir Feirionnydd
Mae'n dangos arwydd i ni'n siŵr,
Na chlybwyd chwaith fod y fath waith
Ar diroedd maith, na dŵr.

Un Gaynor Hughes yw'r ddynes,
Medd cyffes gwŷr a farnai'n bur
Ei bod ers pedair blynedd
Yn gorwedd yn ddi-gur,
Yn llonydd heb ddim lluniaeth,
Cynhaliaeth dyn ni fynnai'r fun,
Ond ymborth oddi uchod,

Da hynod Duw ei hun;
Heb ddim daearol doraith,
Ond llwyaid unwaith yn y dydd
O ddŵr glân gwael, faint fwy o fael
Gan Dduw mae'n gael yn gudd?
Nid drwy fara'n unig,
Hyn sy'n weledig yn y wlad,
Mae dyn yn byw, ond drwy Air Duw,
Mor ryfedd yw ei rad.

Mae hon yn wrthrych heddiw
I'n galw ni, drwy groyw gri,
I ystyr Gair yr Arglwydd,
Bob dydd o'i herwydd hi;
Beth dybiwn i sy'n cadw
Y fenyw'n fyw, ond gallu Duw?
Mae ei ryfeddodau'n amlwg
I'n golwg, ac i'n clyw;
Mae'n howddgar ei hymadrodd,
Medd rhai a'i clywodd, yn rhoi clod
I Dduw 'mhob man, sy i'w chadw'n wan
Yn unig dan ei nod;
A'i gwaedd a'i llef mewn gweddi,
Heb ddistewi nos na dydd,
'N cael praw' bob pryd o 'sbrydol fyd,
Dda fywyd iddi'n fudd.

Mae cynyrfiadau 'sbrydol,
A nefol nod, di-ball yn bod,
Drwy wendid cnawd yn gweithio,
I Dduw egluro ei glod;
Pwy ŵyr ar y ddaearen
Pa ddiben dwys, grymusol mwys,
Pa ddirgel waith rhyfeddol,
Gwrthrychiol bywiol bwys,
A ddengys Duw yn eglur
Ei hunan drwy greadur hon?

Fe allai daw, neu fod gerllaw,
Ryw gur a braw gerbron.
Nid oes un gwrthrych rhyfedd
Heb ryw ddialedd brudd o'i ôl,
Cyn dangos gwg, drwy deg fe'n dwg
O'n bywyd drwg di-rôl.

Bod hon a'i bywyd dynol,
Daearol stad, mewn mawrhad,
Oddi allan yn ddiallu,
Er hynny mewn parhad;
Mae'r anian fyw ysbrydol,
O nerthol nwy', 'n cynyddu'n fwy,
Hon sydd yn atal ange,
Mawr gledde marwol glwy'.
Ond te nid eill y corffyn
Brau mo'r byw ronyn, heb ei raid;
Er gwledd dŵr glân, ac ar wahân
I'r lludw mân a'r llaid,
Nid ydyw'r byd wybodol
O'i bywyd anfesurol swm,
Ni adwaenom ni mo'i hanian hi,
Ond y trueni trwm.

Mae'n amlwg wrth ei gwaelder
Ers llawer dydd, mewn cyflwr cudd,
Fod Duw drwy wendid eto
'N perffeithio nerth i'w ffydd,
Er mwyn amlygu ei hynod
Ryfeddod fawr, i ninne'n awr,
Gwnaeth hon fel llyfr i'n dysgu,
Lle mae'n 'sgrifennu i lawr;
Mae gallu Duw yn eglur
Drwy bob creadur, natur nwy',
Ond gwelwn fod, o'i nefawl nod,
Yn hon ryfeddod fwy,
Amhosibl gyda dynion,

Heb faeth o foddion, iddi fyw,
Ond medi heb hau, a'i glod yn glau,
Wna gweithrediadau Duw.

Llaw Dduw sydd yn ei chynnal,
Gan atal nerth picellau certh,
Gan roi iddi ffrwyth ei winllan
Heb arian ac heb werth;
Rhoes lusern am ei channwyll,
A didwyll laeth y Gair yn faeth,
I'w chadw dros rai dyddiau,
Hyd y penodau wnaeth;
Pan ddelo i ben ei chyfri',
Gorfoledd iddi brofi ei braint
Mewn hyfryd hedd tu draw i'r bedd,
Cysurus wledd y saint,
Pob un sydd yn ei gweled,
Mae'n ddrych agored i chwi i gyd
Gael golwg gwiw ar w'rthiau Duw
Sy'n cadw'r fenyw cyd.

Mae bywyd dyn a'i ange,
Diame' yw, bob gradd a rhyw,
Yn llaw yr Hollalluog
A'r gwir ardderchog Dduw:
Ffon dafl a charreg dene'
A ladde'r cawr Goleia' i lawr
Lladd Jona fu yn ei grombil
Nid allai'r morfil mawr
Llau allodd ddifa Herod
Nid allai'r llewod oll a'u llu,
Er newyn hir, er c'ledi clir,
Ladd Daniel gywir gu;
Dwyn anadl hon o'i gene,
Ni ddichon ange, a'i saethe syn,
Gwir ganiatâd y nefawl Dad
A'i ordinhad yw hyn.

Ffynhonnell
BB, t. 351.

Darlleniadau'r testun
6. gwaethio, 7. cymhell, 56. Gwrddrychiol, 98. peccellau, 118. laddai, 127. ganiadtaad.

Nodiadau
Pan gyfansoddodd Jonathan Hughes y gerdd hon am Gaynor Hughes o fferm Bodelith, plwyf Llandderfel, Sir Feirionnydd, yr oedd y wraig ifanc yn honni iddi fyw ers pedair blynedd heb ddim cynhaliaeth ac eithrio llwyaid o ddŵr ffynnon y dydd. Yr oedd ei hanes rhyfeddol wedi denu cryn sylw eisoes. Canodd Elis y Cowper faled amdani flwyddyn ynghynt, a dywedir i nifer o ymwelwyr deithio bellteroedd maith er mwyn cael bendith ei chwmni. Bu farw flwyddyn wedi i Jonathan Hughes ganu amdani ar 14 Mawrth 1780 ar ôl cyfnod o bum mlynedd a deng mis o newyn. Yr oedd hi'n 35 mlwydd oed. Jonathan Hughes a dderbyniodd y gorchwyl o lunio'i beddargraff:

> Yma ini gwiria mae'n gorwedd – beunydd
> Gorph benyw mewn dyfnfedd;
> Aeth enaid o gaeth wainedd
> Gaenor lwys yn gan i'r wledd.
>
> Deg saith mun berffaith y bu – o fisoedd
> Yn foesol mewn gwely,
> Heb ymborth ond cymhorth cu
> Gwrês oesol gras yr Iesu.   (*BOWB*, t. 116)

Am ragor o fanylion ynghylch Gaynor Hughes, gw. S. M. Rosser, *Y Ferch ym Myd y Faled* (Caerdydd, 2005), tt. 143-53 a Brenda Parry-Jones, 'Miraculous or malingering? Two eighteenth-century Merioneth fasting women', *Trafodion Cymdeithas Hanes Sir Feirionnydd*, xv (2006), 44-69.

Nid drwy fara 'n unig . . . Mae dyn yn byw: arlleiriad o Mathew 4:4 '. . . Ysgrifenedig yw, Nad ar fara yn unig y bydd dyn fyw, ond ar bob gair Duw.' Gw. hefyd Luc 4:4 a Deuterenomium 8:3.
A'i gwaedd a'i llef mewn gweddi,/Heb ddistewi nos na dydd: Salm 88:1, 'O Arglwydd Dduw fy iachawdwriaeth, gwaeddais o'th flaen ddydd a nos', gw. hefyd Luc 18:7.
[Mae] Duw drwy wendid eto/'N perffeithio nerth i'w ffydd: 2 Corinthiaid 12:9, 'Ac efe a ddywedodd wrthyf, Digon i ti fy ngras i: canys fy nerth i a berffeithir mewn gwendid . . .'
Amhosibl gyda dynion: Marc 10:27, 'A'r Iesu, wedi edrych arnynt, a ddywedodd, Gyda dynion amhosibl yw, ac nid gyda Duw: canys pob peth sydd bosibl gyda Duw'.

Ond medi heb hau . . ./Wna gweithrediadau Duw: mae Duw yn medi lle na heuodd, Mathew 25: 24, 26.

picellau certh: picellau dychrynllyd. Mae 'llaw Dduw' megis tarian y ffydd sydd yn diffodd holl bicellau tanllyd y fall yn Effeisiaid 6:16.

Gan roi iddi ffrwyth ei winllan/Heb arian ac heb werth: y mae Duw yn galw'r hwn nad oes arian ganddo i brynu gwin a llaeth 'heb arian, ac heb werth' yn Eseia 55:1.

Rhoes lusern am ei channwyll: cf. Salm 119:105, 'Llusern yw dy air i'm traed, a llewyrch i'm llwybr'.

A didwyll laeth y Gair yn faeth: 1 Pedr 2:2, 'Fel rhai bychain newydd-eni, chwenychwch ddidwyll laeth y gair, fel y cynyddoch trwyddo ef'.

Goleia': lladdodd Dafydd y Philistiad Goleiath â ffon dafl a charreg, 1 Samuel 17:40, 48-51.

Jona: achubwyd Jona o fol y pysgodyn am iddo osod ei ffydd yn Nuw, Jona 2.

Herod: cosbwyd y brenin Herod gan Dduw am ymddwyn fel duw ac fe'i lladdwyd gan bryfed, Actau 12:23.

Daniel: cosbwyd Daniel gan y brenin Dareius am addoli Duw Israel, yn hytrach na'r brenin ei hun. Fe'i taflwyd i'r llewod, ond achubwyd Daniel am iddo ymddiried yn Nuw, Daniel 6:14-24.

YCHYDIG O HANES AM GAYNOR HUGHES Y FENYW O LANDDERFEL, YR HON SY'N GORWEDD ERS PEDAIR BLYNEDD, AC YN BYW HEB DDIM CYNHALIAETH

'Charity Meistres'

Clywch drae-thod hy-nod ha-nes Mewn cy-ffes cân, geill
Fel y mae Duw'n rhy-budd-io, Yn gweith-io'n gwadd, pob

mawr a mân Ei gym-ryd yn ath-raw-iaeth, Drych
oes a gadd I'w cy-mell, fudd-iol fodd-ion, Ar -

o rag-lun-iaeth__ glân; Mae rŵ-an wir am-
wydd-ion am-ryw__ radd; Ar fe-nyw'n Sir Feir-

lyg-iad O weith-red-iad Un a Thri, Ei__
ion-nydd Mae'n dang-os ar-wydd i ni'n siŵr, Na__

ddysg a'i ddawn, fel lly-thyr llawn, Sy'n__
chly-bwyd chwaith fod y fath waith Ar__

eg - lur____ iawn i ni;
di - roedd__ maith, na dŵr.

13.

Carol Clwb

Carol i holi tri chwestiwn: yn gyntaf, pa beth yw'r clwb? Yn ail, pa fath
ddynion sy'n ei gynnal? Yn drydydd, pwy sy'n torri'r cariad rhyngddynt?

'Greece and Troy'

Pob cymwys wiwlwys aelod
Sy wedi ymrwymo i'r amod
I ddyfod i'r gyfarfod
Hynod hon;
Mewn geiriau yma agorwn,
Rhowch osteg i dri chwestiwn,
Eglurwn a hebryngwn
Hwy gerbron;
Mae'r cwestiwn cynta'n holiad,
Pa beth yw'r clwb a'r bwriad
A barai ei fod?
Yn ail pa fath ryw ddynion,
Sy'n cynnal hyn o amcanion?
Yn union cewch eu nod;
A'r trydydd cwestiwn ydi,
Pa beth sydd yma'n torri
Ac oeri'n gas,
Y cariad rhwng ei aelodau,
Ac yn gwneuthur ymrysonau,
A dadlau am bethau bas?

Ac am y cwestiwn cynta',
Pa beth yw'r clwb, mynega?
Cymhwysiad bwriad bura',

Glana' gwledd,
I gadw'r dyn anghenus,
Yn hen ac yn ddolurus,
I gael ei raid yn foddus
Hyd ei fedd;
Dan alar mae'n dwyn elw
A nodded i'r wan weddw
Sy'n chwerw ei chŵyn,
I'r 'mddifaid anghysurus,
Cynorthwy lân, haelionus,
Ddaionus mae'n ei ddwyn;
Mae'n gymorth i'r gymdogaeth,
Yn darian i'r wladwriaeth,
Dalaith deg,
I gadw tlawd aelodau,
Heb os a fyddai'n bwysau
Dan glwyfau briwiau breg.

Mae fel brawdoliaeth hefyd,
Pe câi fe ei iawn arferyd,
Nyni allem fod mewn bywyd
Hyfryd hedd;
Mae'n howddgar ac yn gymwys
Ei agwedd yn yr eglwys,
Fel brodyr praidd paradwys,
Wiwlwys wedd;
Pe medrem iawn ystyriaeth,
A throi at wir athrawiaeth
Diweniaith Duw,
Drwy ffydd a gweddi wresog,
Bawb oll mewn anian bwyllog,
A rhywiog yn ein rhyw;
A diffodd pob gwreichionen,
A fago drwy genfigen
Cynnen cas,
Cyd-ddwyn â beiau ei gilydd,
Fel ŵyn a defaid ufudd,
Dan grefydd, dawn a gras.

Trown at y cwestiwn nesa',
Sy'n gofyn eto'n gyfa',
Pa ffasiwn ddynion sy yma,
Synna yw sôn?
Nid allwn mewn gwirionedd
Mo'r henwi fawr o'n rhinwedd
Na'n galw'n frodyr gwaredd
Dofedd dôn;
Ohonom mae 'rhan fwya'
Heb ddygiad dan ostyngfa,
Neu ddalfa, deddfol ddysg,
Heb gofio Duw sydd gyfion,
Na'n dyled i'n cymdogion,
Fel gw'lltion, ryddion wrysg:
Yn ddynion anwybodus,
Yn codi llid trallodus,
Dyrys du,
Ymsennu o ddiffyg synnwyr,
I ddirnad barn ac ystyr,
Swm cywir, rheswm cu.

Gwerinos a gwirioniaid,
Annoethion heb benaethiaid
I gynnal pennau gweiniaid
Yn y gwaith;
Fel tŷ heb gongolfeini,
Fel llong heb ddim hwylbrenni,
Nid rhyfedd inni fethu
Rhwyfo'n faith;
Fel corff heb ben, heb lyged,
Fel milwyr heb gaptenied,
Nid lludded yw eu lladd,
Fel cowrt neu gwest anghyson,
A helied o'r gwehilion,
Heb fawr oreuon radd;
Mae cenedl heb flaenoried,
Fel meirch heb ffrwyn gan ffrymed

Yn eu ffrost,
Fel eirth o warthus anian,
Fel twrw teirw Basan,
Neu daran erwyn dôst.

Fel yr oedd yr hen Effesiaid
Yn feirwon ac yn ddeilliaid
Nes agor cwr eu llygaid
I wellhau,
Yn ofer eu myfyrdod,
Yn blant yr anufudd-dod,
Cyn dyfod rhybudd hynod
I'w bywhau;
Os holwn ninne'n buchedd,
Cyffelyb ydyw'n tuedd
I'w hagwedd hwy,
Fel y Cenhedloedd anghred
Mae ynom, ond ystyried,
I'w glywed yr un glwy';
Mae llawer iawn ohonon,
Heb ddallt ein hegwyddorion
Union wir,
Na'n cyson gateceisio
Gan dad na mam ein fforddio
I gywir deithio ar dir.

Yn rhodio mewn anrhydedd,
Wrth foese'r byd a'i faswedd,
A'r cnawd a'i drachwant budredd,
Llygredd llawn:
A chrefydd yn ddigyfri',
Fel peth afreidiol inni,
A phechod yn blaenori
I dorri ein dawn,
Yn dyngwyr ehud, angall,
Yn dysgu pob cyfrwysgall
Air coegfall, cas,

Yn llwyr anghofio'n sydyn
Air Duw, ar ôl ei dderbyn,
Fel petai'n beiswyn bas,
Cwerylu geiriau creulon,
Cyffroi am emau Mamon,
Waelion wâr,
Ond dyna'r fath rai ydem,
Rhyw rybudd, ow! na chymrem,
Na fariem hyn o fâr.

A'r trydedd gwestiwn gwastad,
Swydd fanwl sydd ofyniad,
Pa beth sy'n torri'r cariad,
Rhwygiad rhydd?
Mae hwn yn hawdd i ateb,
Os gwir yw'r ail eglurdeb,
Wrth gymaint anghysondeb
Yma sydd:
Y cythraul sy'n ei dorri,
Hen awdwr pob drygioni,
Mae'n oeri ei naws
Drwy weithio yn ein calonnau
Bob dichell, drwg anwydau,
Rhesymau troeau traws,
Lle bo cynulleidfa o frodyr,
Mae hwn yn gweithio'n brysur,
Eglur yw,
I'n gyrru ni i gyhuddo
Bob un ei frawd, a'i wawdio,
A'i daro i friwo ei friw.

Ai ame' yr ydym ni yma
Nad ydyw'r cythraul taera'
Ym mhob terfysg yn ein tyrfa,
Brynta' bri,
Fe ddaeth yn hy heb eiriach
At frodyr oedd ffyddlonach,
Duwiolach ac unionach

Na nyni:
Tri meibion Noa gyfion,
Dôi at y rhain yn union
I ennyn un,
A'i droi'n gyhuddwr pechod,
I ddannod noethni anafod
Ei hynod dad ei hun,
Fe'i gelwir o yn y 'Sgrythur,
Cyhuddwr, bradwr brodyr;
Natur hwn
Yw'n gyrru ninnau beunydd,
Bawb i gyhuddo'i gilydd,
Gwneud deunydd o bob twn.

Nid rhyfedd mo'i ddichellion,
Dro llidiog, a'i drallodion,
Yn ceisio diwyno dynion,
Breuon braidd,
Fe geisiodd drwy bob gogan
Gyhuddo Crist ei hunan
I fod fel ynte o anian
Aflan flaidd,
A phan ddewisodd Iesu,
Apostolion, hapus deulu,
Yn glòs i'w garu'n glau,
Gwell dyfais ni allai diafol
Na nesu yn was mynwesol,
A gwedd apostol gau;
'Wel bellach,' ebe'r Satan,
'Mi ddois i'w dŷ fe'i hunan
Dan ei do,
Bradychaf, gwnaf wasgariad
I'w deulu, ac yn ei adeilad
Mawr rwygiad yma ro'.'

Ac felly fyth mae'i amcan,
I gynnig ei ddrwg anian
Ym mhob cyn'lleidfa fechan,

Ledwan lu,
Ei 'wyllys a'i holl bleser
Yw torri ein parch a'n purder
A'n dwyn i'w ogof eger,
Dyfnder du;
Fe fyddai'r llew yn llawen
Pe gallai'n gyrru benben,
Aflawen lef,
Ar ôl bod yn yr eglwys,
Yn gwrando athrawiaeth iachus
A grymus weddi gref;
Gobeithio y cymrwn gyngor,
I fyw mewn buchedd sobor,
Ordor iawn,
A chofiwn pan fo cyffro
Neu ymsennu, Satan sy yno
Yn ceisio duo ein dawn.

Fel hyn y gallwn ddirnad,
Mai'r cythraul sydd yn wastad
Yn torri ac oeri'r cariad,
Bwriad bur;
Duw ro i ni ras ei Ysbryd,
A chalon i ochelyd
Rhag bod yn ddihir, ehud,
Waedlyd wŷr,
Casawr ei frawd cawn brofiad,
Mae Duw yn ei alw'n lleiddiad,
Anghariad yw,
Pob math o amryfusedd,
Rhown heibio hyn o ffoledd,
Sy lygredd drwg ei liw,
Wrth weled fod y cythrel
Yn ceisio cynnal rhyfel
I barhau,
O! byddwn ddoeth synhwyrol
I ennyn cariad brawdol
Yn rheol i'n gwarhau.

Ffynhonnell
BB, t. 85.

Darlleniadau'r testun
42. cae, 50. athrawieth, 51. di weniaeth, 56. gynfigen, 87. fethi, 169. 170. Doe ddoais.

Nodiadau
Canodd Jonathan Hughes o leiaf 12 o garolau clwb a'u bwriad oedd annerch aelodau'r 'clybiau cyfeillgar' neu elusennol yn yr un modd ag y gwnaeth beirdd gwlad eraill megis Huw Jones, Llangwm ac Ellis Roberts y Cowper. Byddai'r clybiau yn cyfarfod yn fisol ac ar eu dyddiau gŵyl blynyddol byddid yn rhoi diolchgarwch am waith y flwyddyn drwy fynychu gwasanaeth yn yr Eglwys cyn ymgynnull mewn tafarn gyfagos i loddesta. Cyfle i wŷr yr ardal gymdeithasu a diota oedd y clybiau hyn yn aml, fel yr awgryma Ieuan Glan Geirionydd yn ei gerdd am 'Hynt y Meddwyn' (O. M. Edwards (gol.), *Ieuan Glan Geirionydd* (Llanuwchllyn, 1908), tt. 65-91); ond yr oedd iddynt hefyd swyddogaeth elusennol bwysig. Byddai pob aelod yn cyfrannu swm o arian i goffrau'r clwb a dosberthid yr arian hwnnw i dlodion yr ardal ac i aelodau'r clwb a gâi drafferth cadw deupen llinyn ynghyd yn sgil damwain neu waeledd. Gan hynny, y mae holl garolau clwb Jonathan yn pwysleisio pwysigrwydd elusengarwch a haelioni a hynny mewn cyd-destun crefyddol amlwg. Myn Jonathan atgoffa'r 'clybwyr' o'u dyletswydd Gristnogol ac y mae hefyd am sicrhau nad â neges grefyddol yr wŷl ar ddifancoll yng nghanol miri'r dathlu.

Cyfeiria'r Fonesig Eleanor Butler at un o gyfarfodydd clwb Llangollen yn ei dyddiadur:

> Tuesday, January 6th [1789]. – our good apothecary from Wrexham came at 8. As we had heard of his being in the village in the morning asked him why he did not come sooner. He said he had been engaged at a Very extraordinary club held annually in Llangollen at the King's Head (which king in Charles the First in the midst of all his troubles) the members of which, consisting of the Principle farmers, composed at one Table epigrams, the Subjects of which were sent to them from another Table. Crowe told us some of them were wonderfully well written, particularly some on the present situation of affairs. (Bell (gol.), *Hamwood Papers*, t. 165)

Am fanylion pellach am glybiau cyfeillgar y ddeunawfed ganrif gweler David Howell, *The Rural Poor in Eighteenth-Century Wales* (Caerdydd, 2000), tt. 82-3.

briwiau breg: briwiau anafus.
I gadw'r dyn anghenus,/Yn hen ac yn ddolurus . . .: cyfeiriad at swyddogaeth elusennol y clwb.
Ymsennu o ddiffyg synnwyr: mae'r aelodau'n cweryla'n afresymol ymysg ei gilydd.

gan ffrymed: ffrom, dicllon, ffyrnig.

Fel twrw teirw Basan: Salm 22: 12-13, 'Teirw lawer a'm cylchynasant: gwrdd deirw Basan a'm hamgylchasant. Agorasant arnaf eu genau, fel llew rheibus a rhuadwy'.

Fel yr oedd yr hen Effesiaid,/Yn feirwon ac yn ddeilliaid,/Nes agor cwr eu llygaid/I wellhau: Effesiaid 1:18, 2:1, 4-6, 4:18.

Yn blant yr anufudd-dod: Effesiaid 2:2, 5:6.

y Cenhedloedd anghred: Effesiaid 2:11.

Yn rhodio mewn anrhydedd . . .: Effesiaid 4:17-19, '. . . na rodioch chwi mwyach fel y mae'r Cenhedloedd eraill yn rhodio, yn oferedd eu meddwl . . .', gw. hefyd 1 Pedr 4:3.

(g)emau Mamon: golud, cyfoeth, trachwant, cf. Luc 16:13, Mathew 6:24.

Na fariem hyn o fâr: na rwystrwn lid.

Pa beth sy'n torri'r cariad . . .: ai ymateb i anghydfod penodol rhwng aelodau'r clwb a wna Jonathan yn y gerdd hon? Yn sicr y mae'n llym iawn ei feirniadaeth ar ymddygiad anghristnogol y gwŷr ac yn cyflwyno rhybudd grymus i ochel rhag temtiad Satan, awdur anghydfod rhwng y brodyr.

I'n gyrru ni i gyhuddo/Bob un ei frawd . . .: Datguddiad 12:10, '. . . canys cyhuddwr ein brodyr ni a fwriwyd i'r llawr . . .'

Tri meibion Noa: Sem, Cham a Jaffeth oedd meibion Noa a chyfeirir yma at Cham yn edliw i Noa ei noethni, Genesis 9:18-29. Gw. rhif 19.

Cyhuddwr, bradwr brodyr: Datguddiad 12:10.

Nid rhyfedd mo'i ddichellion: 2 Corinthiaid 2:11, 'Fel na'n siomer gan Satan: canys nid ydym heb wybod ei ddichellion ef'.

Fe geisiodd drwy bob gogan/Gyhuddo Crist ei hunan: cyfeiriad at Satan yn temtio Crist yn yr anialwch, Mathew 4:1-11, Luc 4:1-13.

Aflan flaidd . . . gwedd apostol gau: Mathew 7:15, 'Ymogelwch rhag gau broffwydi, y rhai a ddeuant atoch yng ngwisgoedd defaid, ond oddi mewn bleiddiaid rheibus ydynt hwy', gw. hefyd 2 Corinthiaid 11:13-14.

gwnaf wasgariad: cyfeiriad at fradychu'r Iesu (y bugail) a gwasgaru'r disgyblion (defaid y praidd), Mathew 26:31.

Mawr rwygiad yma ro': Gw. Ellis Wynne, *Gweledigaethau y Bardd Cwsg*, gol. P. J. Donovan a G. Thomas (Llandysul, 1998), t. 49: y mae porthor dinas Immanuel yn herio 'tylwyth yr ysgubor', neu'r Ymneilltuwyr, sy'n ceisio cael mynediad i'r nef gan ddweud '"Dacw" ebr ef, "a welwch chi ôl y rhwyg a wnaethoch chi'n yr Eglwys i fynd allan ohoni heb nac achos nac ystyr?"'

Fe fyddai'r llew yn llawen: 1 Pedr 5:8, 'Byddwch sobr, gwyliwch: oblegid y mae eich gwrthwynebwr diafol, megis llew rhuadwy, yn rhodio oddi amgylch, gan geisio'r neb a allo ei lyncu'.

[Y] cythraul sydd yn wastad/Yn torri ac oeri'r cariad: Mathew 24:11-12.

yn ddihir, ehud: yn ddrwg a ffôl.

Casawr ei frawd cawn brofiad,/Mae Duw yn ei alw'n lleiddiad: 1 Ioan 3:15, 'Pob un a'r sydd yn casáu ei frawd, lleiddiad dyn yw . . .'

CAROL CLWB

'Greece and Troy'

Pob cy-mwys wiw-lwys ae-lod Sy we-di ym-rwy-mo i'r

a-mod I__ ddy-fod i'r gy-far-fod Hy-nod hon; Mewn geir- iau y-ma a-

go-rwn, Rhowch os-teg i dri chwes-tiwn, Eg - lu-rwn a heb-ryng-wn

Hwy ger- bron; Mae'r cwes-tiwn cyn - ta'n hol- iad, Pa
A'r try - dydd cwes - tiwn y - di, Pa

beth yw'r clwb a'r bwr-iad A ba-rai ei fod? Yn ail pa fath ryw
beth sydd y-ma'n tor - ri Ac oe -ri'n gas, Y car-iad rhwng ei ae-

ddyn - ion, Sy'n cyn - nal hyn o am -
lo - dau, Ac yn gwneu - thur ym - ry -

can - ion? Yn un - ion cewch eu nod;
so - nau; A dad-lau am be - thau bas?

14.

Cerdd a wnaeth y Bardd yn Sir Aberteifi, i'w danfon adref i annerch ei wraig, ychydig o hanes ei daith yn y Deheudir

'Gadael Tir' (y ffordd fwyaf)

Fy annwyl wir briod, tro hyll i ddwyn trallod,
Ni allaswn i ddyfod i'th ganfod yn gynt,
Ar dir rwy'n flinderus, a 'nhaith yn o aethus,
Ac weithiau'n anhwylus fy helynt.

Hyd atat rwy'n danfon cyfarchiad fy eirchion,
I ti gymryd calon yn ffyddlon ddi-ffael,
Mae'm iechyd o'r gwycha', yn dda iawn yn ddiama',
Er dechrau fy nhrofa ar fy nhrafael.

Er lles rwy'n g'wyllysio rhoi gair i'th gysuro,
Atat dof eto gobeithio'n ddi-ball,
Os Duw a rydd gennad o'i dyner ordeiniad,
Nid oes yn fy mwriad ddim arall.

Mi fûm ym Mrycheiniog, glyd anian gwlad enwog,
Maesyfed luosog, odidog ei da;
Nid cymaint o groeso i brydydd oedd yno,
Prin cael am lafurio mo'i fara.

Un man ym Maesyfed cawn ddala cu ddeiliaid,
Rwy'n adde' gael nodded i fyned o'r fan;
Glas yr Wy reiol, digwyddiad da gweddol,
Gan bobl go siriol ces arian.

Troi'n ôl i Drefeca, cael yno fwyneidd-dra,
Cynghorion cyf'rwydda' o'r rhwydda' mewn rhôl,
Oddi yno i Sir Fynwy, at wladwyr clodadwy,
Lle cefais gynorthwy go nerthol.

Oddi yno i Forgannwg led hylwydd wlad heulog,
Cawn groeso gwyn gwresog gwên rywiog gan rai;
Yn eitha' gwlad Forgan yn waethwaeth aeth weithian
A'r arian wrth lolian aeth lailai.

Ond mae gennyf ddigon i ateb gofynion
Fy nhaith yn gyfreithlon drwy gyfion ffordd gu,
Er hyn mae achosion ac 'wyllys y galon
Yn chwennych i 'nigon 'chwanegu.

Mewn man elwir Merthyr, ar adeg cawn frodyr,
Rhagorol eu natur, eu synnwyr a'u serch,
Dieiddil brydyddion, iachusol a chyson,
Canason' yn fwynion i f'annerch.

Gwnawn innau 'mhen ennyd rai odlau go rydlyd,
Ond codi'r gelfyddyd i'w bywyd o'i bedd:
Cawn glod gan y rhi'ny, a'm canmol i'w cwmni,
Er digwydd fy nyri'n o oeredd.

Gadael pob cyfell heddychol diddichell
Dan ysgwyd ei asgell tua Chastell-y-nedd,
Nid alla'i fyth hwyach droi eto i le drutach,
Na tharo wrth ddim gwaelach ymgeledd.

Y nos oedd yn nesu i ymofyn am lety,
Wych lys i achlesu, rhoi i fyny yn y fan;
Edrychwn dŵr uchel, ac arno'n un gornel
Lun angel ar drestel wrth drostan.

Pan awn i fewn gynta' cael moes o'r gymhwysa',
Mi dybiais fynd yma i'r tŷ nesa' at y ne';

Roedd teulu'r tŷ hylwydd pan glywn eu lleferydd,
Mor benrhydd i'm 'mennydd â minnau.

Galw'r hen gwsmer o eigion y dyfnder,
A'i henwi fo'n ofer ar gyfer pob gair,
Mor aml roedd yma â mowion Gorffenna',
Neu wybed cynhaea'n cyniwair.

Yr angel oedd allan yn canu'n ei dympan,
A'r diawl wrth y pentan yn d'rogan pob drwg;
Mawr iawn oedd yr ana', cyw annwn câi yna
Bardduo'r mur gwynna'n Morgannwg.

Cawn wely at fy ngalwad oedd rydd a gorweddiad,
Ped fasai arno ddillad cnu dafad yn do,
Nis cefais i'm cyfer ond lliain, nid llawer,
Ychydig o lymder fel amdo.

Oddi yno i Gaerfyrddin, at blant Alis Ellmyn,
Châi brydydd cyffredin i'w ddilyn fawr dda:
Ymadael â'r rheini cyn hir rhag fy nhorri,
Mi ddois i wlad Teifi i leteusa.

Mi ges yn Llanbedr, hael gymwys, hil Gomer,
Roedd yno wŷr syber a'u mwynder i mi;
Bodloned fy mhriod i'm orffen fy ystod,
Dof adre' o frwd hafod fro Teifi.

Rhaid imi'n ddiamau gael gweled y plasau,
A rhifo'r tafarnau, p'run sy orau yn y sir,
A gosod cân gyson y gwyliau i'r trigolion,
Ac yno efo dynion fe'm 'dwaenir.

Y bobl ni chredan' i'r ddull sy arna'i oddi allan,
Fel gythrych dylluan neu leban o lob,
Gwell golwg disgwylian' gael gweled Jonathan,
A wnaeth gynt felysgan fel esgob.

Er maint fu o groesddadlau, atebais i tybiai,
Anadlwn wan odlau a geiriau o ryw gân,
Cyn cerydd cainc arw, rhai fyddai'n rhy feddw,
Mi gedwais fy henw fy hunan.

Mi gefais gym'dogaeth ymhell o'm cy'byddiaeth
Mi welais ragoriaeth gwybodaeth nid bach,
Rhai'n rhad ac yn rhwyddlan syberwyd ysbarian,
Cawn eraill am f'arian yn fyrrach.

Er cael fy mywioliaeth a chryn oruchafiaeth,
Cymeriad a mabiaeth rhagluniaeth pob gwlad,
Gwell gen i 'n y diwedd fyw yma yn fy annedd,
A gorwedd yng nghyrredd fy nghariad.

Bellach bydd bwyllus â meddwl bodlonus,
Am fod wrth dy ystlys, cwynfanus wyf fi,
Ond teithiau dieithrol i'n cadw'n wahanol,
Ddaeth ata'i 'n olynol yleni.

Ffynhonnell
GA, t. 92.

Darlleniadau'r testun
13. Mrecheiniog, 59. cae, 66. Chae, 68. ddoeis . . . letteysa, 87. ysparian, 91. gan i.

Nodiadau
Cyfansoddodd Jonathan Hughes y penillion hyn i gyfarch ei wraig, Mari, pan oedd
yn gwerthu *Bardd a Byrddau* yn ne Cymru yn 1788. Teithiodd drwy siroedd Maesyfed,
Brycheiniog, Mynwy, Morgannwg, Caerfyrddin ac Aberteifi gan dderbyn gwrandaw-
iad teg mewn ambell fan a chroeso digon llugoer mewn mannau eraill. Diddorol
yw'r cyfeiriadau at yr ymryson canu a fu rhyngddo â beirdd Merthyr a Cheredigion
a'r llety llwm a gafodd yng Nghastell-nedd – dyma'r mathau o hanesion a fyddai
wedi difyrru ei wraig a'i deulu ac yntau wedi teithio ymhell oddi cartref, mae'n siŵr.
Cawn ninnau olwg ar daith glera anturus bardd a oedd yn nesu at ei drigain oed ac a
oedd wedi llafurio i gynhyrchu cyfrol swmpus o'i farddoniaeth ei hun heb gasglu
tanysgrifwyr ymlaen llaw.

Nid cymaint o groeso i brydydd oedd yno: ai'r Seisnigo ym Mrycheiniog a Maes-yfed oedd yr achos am hyn? Erbyn 1750, yr oedd rhannau dwyreiniol y siroedd yn rhan o'r hyn a elwir yn 'Gymru ddi-Gymraeg' gan y daearyddwr W. T. R Pryce, 'Migration and the evolution of cultural areas: cultural and linguistic frontiers in north-east Wales, 1750 and 1851', *Transactions of the Institute of British Geographers*, 65 (1975), 81.

Glas yr Wy: Y Clas-ar-Wy (*Glasbury*), pentref ar lan afon Gwy ar y ffin rhwng Maes-yfed a Brycheiniog.

Trefeca: yn Nhrefeca, rhyw 6 milltir i'r de o'r Clas-ar-Wy y sefydlodd Howel Harris ei gymuned Gristnogol yn 1752. Ai ymysg y Methodistiaid y cafodd Jonathan Hughes 'fwyneidd-dra' a 'chynghorion', tybed? Ni fyddai hynny'n syndod o ystyried naws Fethodistaidd nifer o'i garolau.

Edrychwn dŵr uchel, ac arno'n un gornel/Lun angel . . .: ai disgrifio gwesty yng Nghastell-nedd a wneir yma? Ymddengys cofnod ar gyfer tafarn yr Angel yn Stryd y Castell, nid nepell o Eglwys y Plwyf, yng nghofrestri canol y bedwaredd ganrif ar bymtheg; gw. er enghraifft, *Pigot and Co.'s Royal National and Commercial Directory . . . Part 2: Hampshire to Wiltshire, and Wales* (London and Manchester, 1844), t. 62.

hen gwsmer: twyllwr, neu'r diafol?

i Gaerfyrddin, at blant Alis Ellmyn: ymadrodd cyffredin am y Saeson yw 'plant Alis/Alys' sy'n tarddu o'r chwedl ynghylch goresgyniad Prydain. Chwaer Hors a Hengist oedd Alis a gwraig y brenin Brythonig, Gwrtheyrn. Gelwir eu disgyn-yddion, sef y Saeson, yn 'blant Alis'. Cyfeiriodd Jonathan Hughes at yr un chwedl yn ei anterliwt *Twyll y Cyllyll Hirion* (gw. rhif 4). Yn y llinell hon y mae'r bardd hefyd yn awgrymu bod presenoldeb Saesneg sylweddol yng Nghaer-fyrddin ar y pryd. Ceir cyfeiriadau eraill cyfoes â sylwadau Jonathan Hughes sy'n cefnogi'r farn hon yn M. ac E. Lodwick, *The Story of Carmarthen* (Caerfyrddin, 1972), tt. 138-9. Er enghraifft, mewn llythyr gan ferch o Gaerfaddon a ym-welodd â Chaerfyrddin yn 1788 ceir y datganiad, 'I was surprised to hear many of the poor children speaking such good English . . .', ac meddai Iolo Morganwg yn 1797, 'The inhabitants speak very good English'.

Llanbedr: Llanbedr pont Steffan.

hil Gomer: y Cymry. Cyfeiriad at draddodiad a oedd mewn bri yn y ddeunawfed ganrif a honnai fod y Cymry yn ddisgynyddion i Gomer ap Jaffeth, un o wyrion Noa, traddodiad a gysylltai'r Gymraeg yn uniongyrchol â'r Hebraeg a Thŵr Babel, gw. E. Wyn James, '"Nes na'r hanesydd . . .": Owain Glyndŵr a llenydd-iaeth Gymraeg y Cyfnod Modern. Rhan 2: Hanes yr Hen Brydain', *Taliesin*, 111 (2001), 118. Gw. hefyd 'iaith Gomer' yn y 'Cywydd i Annerch y Cymry' (rhif 8).

gythrych dylluan: ?tylluan tuchanllyd.

leban o lob: llabwst o ffŵl.

CERDD A WNAETH Y BARDD YN SIR ABERTEIFI, I'W DANFON ADREF I ANNERCH EI WRAIG, YCHYDIG O HANES EI DAITH YN Y DEHEUDIR

'Gadael Tir' (y ffordd fwyaf)

Fy an-nwyl wir bri-od, tro hyll i ddwyn tra-llod, Ni a - lla-swn i

ddy - fod i'th gan-fod yn gynt, Ar dir rwy'n flin - de-rus, a

'nhaith yn o ae -thus, Ac_ weith-iau'n an - hwy-lus fy he-lynt.

159

15.

Cyngor i Brydyddion Ieuainc
(gan gynnwys pennill cyntaf
i annerch Thomas Roberts)

'Dydd Llun y Bore'

I 'smwytho arnat ti
Ac oeri dy gerydd sydd beunydd i'th gnoi,
'R add'widion a dd'weded mae'n ddyled eu rhoi:
Wel dyma iti'r gân
A thrwstan yw'r ystyr ac amhur yw'r gwaith
Fel y llunies y llynedd yn niwedd fy nhaith;
Mae'n anhawdd rhoi amser i'w rifo mor ofer,
'Sgrifennu sydd feithder du flinder di-flas,
I'r rhai sy'n llafurio, anhawstra'n eu rhwystro,
Nid allant hwy feiddio myfyrio mor fas,
Eiff cerddi newyddion fo'n gyfion yn gas;
Nid ŷm ond helbulus a dynion ffwdanus
Mewn helynt anhwylus blinderus ar dir,
Go gwla ydyw'n galwad, er cynnig rhoi caniad
Nid oes mo'r gaffaeliad mewn clymiad mwyn clir,
Na mawredd o ymyrreth a gwenieth na gwir.

Os canwn ni'n glau
O rannau'r gwirionedd mewn rhyfedd fawrhad,
Bydd flin gan laweroedd o luoedd y wlad;
Os canwn ni'n wag
Fe dâg y gwŷr dygn mae ganddyn' yn goeg
Wrth'nebiad i faswedd fawl saledd fel soeg;
Da fyddai'n bod ninnau yn gywrain ein geiriau

Rhag nyddu deunyddiau rheffynnau rhy ffôl,
Rhai cryfion mewn crefydd a'n gwyra dan gerydd,
Rhônt w'radwydd a ch'wilydd i brydydd heb rôl
Gan ddwyn barnedigaeth yn helaeth o'n hôl;
Cadarnach yw dyrnod du ebwch cydwybod,
Diwenieth y dannod am bechod a bai,
Gan ddweud yn ddiduedd nad oes yn y diwedd
Ond gras a gwirionedd yn sylwedd a sai',
Dymunai pob mwynwr eu llygwr yn llai.

Barn eraill a ga',
Addefa i fardd ieuanc sy â'i fowrwanc i fod
Yn bencerdd diogan go lydan ei glod;
Bydd golwg dyn craff
Ar wastraff go rwystrus, nad ydys yn deg
Yn osio iawn asiad heb rwygiad na breg;
A chaeth yw cynghanedd os heliwn ni sylwedd
Pan gano beirdd Gwynedd yn llesgedd eu llais,
A 'dwaeno'r gelfyddyd a'n geilw ni'n ynfyd
O'i chael yn frycheulyd, fe gyfyd ar gais
I atal i'r Cymro foel sïo fel Sais.
Rhai eraill sy'n ystyr am sylwedd a synnwyr
Pan glywant air segur dilafur dwl yw,
Pur reidiol fod prydydd, fel odiaeth wyliedydd,
Pan fwrio ei leferydd y gwledydd a glyw,
A'i waith i ddal sylw arno'n fawr ac yn fyw.

Tueddwn at hwyl
Feirdd annwyl fawr ddoniau a'n pennau mewn pwyll,
Na chym'rwn wrth ganu mo'n dallu gan dwyll;
Mi dybiais fy mod
Yn hynod fy hunan ag amcan dda gynt,
Nes cael fy nghynghanedd fel gwagedd a gwynt;
Go hael yw gwehilion gwan ddeunydd gan ddynion
Sy'n hyllu penillion prydyddion yn dost,
Pe cenid grymuster o eigion eu dyfnder
Llai fyddai'r gwasgw'chder a'r ffraethder a'r ffrost,

Câi gannoedd gau eu genau a'u pennau wrth y post;
Mae'r ddawn yn naturiol ac yn ysbrydol,
Beroriaeth bur wrol gynhesol ei naws,
Os rhywbeth amherthyn ddieng' ati'n anghytun,
Nid unlliw mo d'enllyn, medd rhywun ar draws,
Gwneir achwyn fod brychau yng nghyrrau fy nghaws.

Nid rhedeg yr un
Yn fwy hynod sy'n gwybod y gwaith
Fod can pwyth manwl yn feddwl go faith;
Rwy' beunydd ar ben
Roi'm hawen, rym hoyw, i gadw'n y gell,
Am na bai fy nghaniad a'i nyddiad yn well:
Tri enaid cerdd iownedd a henwir cynghanedd
A mesur pur peredd a sylwedd y sain,
A'r sawl a'i clos eiliodd, sidanwaith a dynnodd,
Os un a gamsyniodd yn rhywfodd o 'rhain
Mae'i ede'n anwastad fel nyddiad fy nain;
Gocheled prydyddion angharu 'nghynghorion,
Lled rydd yw'r 'madroddion o galon y gwir:
Mae llawer cerdd dafod yn ddelw ddiwaelod
A buan fel cysgod mae'n darfod ar dir,
Fe ddeil y gerdd gywrain i'w harwain yn hir.

Ffynhonnell

Cain Jones, *Tymmhorol ac wybrenol newyddion, neu almanac am y flwyddyn 1783* (Amwythig, 1783), t. 20.

Teitl gwreiddiol: 'Y pennill cyntaf i atteb Tho. Roberts, a wnaeth bennill i ofyn copi o gerdd arall oedd wedi ei haddaw iddo o'r blaen; Ac yn ganlynol cwynfan mo'r anhawdd i'w boddio'r wlâd wrth ganu; A chymhelliad i brydyddion jeuaingc i arfer y gelfyddyd yn gywirach.'

Darlleniadau'r testun

16. ymyraeth a gweniaeth, 29. Di weniaeth, 56. penhillion, 70. bae.

Nodiadau

Lluniodd Jonathan Hughes y gerdd hon i ateb Thomas Roberts, gŵr a oedd wedi gwneud cais am gopi o un o gerddi Bardd Pengwern. Fodd bynnag, achuba Jonathan

Hughes ar y cyfle i annerch pob prydydd ieuanc a chawn ganddo gwynfan ynghylch pa mor anodd ydyw rhyngu bodd y wlad wrth ganu, a chymhelliad i'r beirdd ifainc arfer y gelfyddyd yn gywirach. Ceir awgrym yn ll.6 i Jonathan gyfansoddi'r gerdd hon ar ôl iddo gwblhau ei daith i werthu *Bardd a Byrddau* yn 1778 (gweler rhif 14), ac yn wir, ymddengys mai llais bardd blinedig a glywir yn y penillion hyn, bardd a oedd wedi syrffedu ar y feirniadaeth gyson ar farddoniaeth y cyfnod. Yn yr ail bennill, er enghraifft, mynega pa mor anobeithiol yw sefyllfa'r beirdd poblogaidd: cânt eu beirniadu gan y mwyafrif pan ganant gerddi dwys, difrifol ond cânt eu ceryddu gan eraill am ganu cerddi ysgafn, masweddus. Yn ogystal â hynny, mae Jonathan yn poeni nad yw rheolau cerdd dafod yn cael eu parchu gan y beirdd ifainc, a rhybuddia hwy rhag '[m]oel sïo fel Sais', hynny yw, rhag canu heb fesur na chynghanedd. Rhybuddia'r beirdd ifainc hefyd rhag ymffrostio yn eu doniau; yn hytrach, dylent ganu 'o eigion eu dyfnder'. Y mae'r pryderon a gafwyd yn y rhagymadrodd i *Bardd a Byrddau* ynglŷn â safon barddoniaeth Jonathan Hughes i'w clywed yn y gerdd hon hefyd. Yn y pennill olaf, mynega ei fod bron â rhoi'r gorau i'r grefft yn gyfan gwbl gan ei fod mor rhwystredig ynghylch ei anallu i nyddu cerddi'n fwy cywrain. Ceir ganddo gyffelybiaeth hoffus wrth iddo gymharu safon anwastad ei farddoniaeth â brodwaith sigledig ei nain. Ond er gwaethaf yr holl gwynion a'r pryderon, ar derfyn y gerdd mae Jonathan Hughes yn amlwg yn credu bod i farddoniaeth rym ac arwyddocâd arbennig, a dyletswydd pob prydydd, felly, yw arfer y gelfyddyd yn gywirach.

yn niwedd fy nhaith: cyfeiriad at ddiwedd y daith farddol i werthu *Bardd a Byrddau*, o bosibl (gweler rhif 14).

go gwla: eithaf tila.

Na mawredd o ymyrreth a gwenieth na gwir: ?camdreiglad o 'cymyrredd', rhwysg, bri. Nid oes fawr o fri, gweniaith na gwirionedd ar gael gan fod y beirdd yn cael eu hanwybyddu.

tâg: a fydd yn tagu.

Ond gras a gwirionedd yn sylwedd a sai' (saif): cf. Ioan 1:17, 'Canys y gyfraith a roddwyd trwy Moses, ond y gras a'r gwirionedd a ddaeth trwy Iesu Grist'.

Câi gannoedd: camdreiglad bwriadol er mwyn cyflythrennu.

Os rhywbeth amherthyn ddieng' ati'n anghytun . . .: Os dygir rhywbeth dieithr, anghyfarwydd i'r gerdd, beirniedir anghysondeb y bardd.

Gwneir achwyn fod brychau yng nghyrrau fy nghaws: llinell drosiadol, bydd cwyno bod gwendidau yn y cerddi.

Tri enaid cerdd: datgenir yma mai'r gynghanedd, y mesur a sylwedd y sain yw 'tri enaid cerdd' dda. Sylwer bod Dafydd Ddu Eryri wedi disgrifio Bardd Pengwern fel un a wyddai 'Tri enaid cerdd tra annwyl' yn ei gywydd iddo (rhif 1).

16.

Gwahoddiad i helwyr ddyfod i hela ac i wellhau ar wraig weddw dlawd a llawer o blant amddifaid, y cymhelliad hwn roed at benaethiad ac uchelwyr plwyf Llangollen, ac eraill oddi amgylch

'Cyfarfod Da'

Rwy'n danfon ar dwyn
Gain addfwyn gyneddfe i'ch gwahodd i'r unlle,
Iawn fodde'n o fwyn, a di-gŵyn yw'r daith;
Anturiaf at wŷr,
Uchelwyr â chalon ac 'wllys da rhyddion
A ffyddlon a phur, fo'n gywir i'r gwaith:
Dros weddw'n y fro,
Gwraig William y go', rwy'n dŵad ar dro,
I geisio iddi gysur a chariad ei brodyr,
Difesur yw fo;
Gwir weddw ydyw hon,
Bur unig ei bron, a'i phen dan y don,
A'i gweinion genhedlaeth yn gofyn i'w mamaeth
Eu lluniaeth yn llon.

Ohonynt mae wyth
O dylwyth a deilied, a hithe ydyw'r nawfed,
Ond lludded yw'r llwyth i ddiffrwyth i'w ddwyn;
Heb feddu'r un tad,
Mae'n brofiad sy'n brifo pob un ag a deimlo,
Er llunio gwellhad trwy syniad rhyw swyn;
Cymdogion hon sy
Am daro ar ei thŷ mewn cariad mwyn cu,

Yn mynnu pwynt manna, gwneud diwrnod o hela,
I'r lladdfa daw llu;
Ar achos mor glir,
Ni arbedaf yn wir ddim tai perchen tir,
Da gwelir i'w galw, pob cyfaill co hoyw
Sy'n cadw ci hir.

Af at Sgweier Llwyd,
Syberwyd naws bura', o Drefor am drofa,
I hela fo gwyd, mae'n hylaw i'r gwaith;
Llwyd arall ar dir,
Adwaenir Rhydonnen, ateba i'r un diben,
Wrth angen yn wir, fe'i denir i'r daith;
Anercha'r Graig Ddu,
A'r tylwyth o'r tŷ, da cynnes waed cu,
Rhaid gyrru i'r Fynechtid, ymweled â gwendid
Yw credyd y cry',
Gŵr llon sydd gerllaw
'N yr Acar Fair draw, Llwyd enwog lle daw
Un hylaw a hwylus, da 'i allu, da 'i 'wllys,
Haelionus ei law.

Mi â'n glaear i'r Glyn
Dros fonyn o fynydd, ca' helwyr co hylwydd
Ar gynnydd y Tŷ Gwyn, 'wy'n 'ofyn yn nes;
Tal-y-garth 'r un art,
Nid cywart mewn caeau, fo'u gwêl ar eu gwalau,
Gwna hwn chware' ei bart, a'r Llwydiart er lles;
Morus Evans mawr sêl,
Sydd ganddo'n ddi-gêl, a'r Wennar ni wêl
Y drafel yn ormod, os bydd 'sgyfarnogod
A diod lle dêl;
Os triniaf mewn trefn,
Rhaid cymell y Cefn, Blaen Nantyr, drachefn,
Mae'n anhrefn esg'luso, neu ballu'r neb allo
'S cawn lunio cân lefn.

Fe ddaw'r Tŷ'n y Ddôl,
Yn siriol ddisoriant, a Llwydiaid y Pennant,
Ni safant yn ôl, rhagorol yw'r gwŷr;
Rhaid bellach roi tro,
Taer glosio tua'r 'Glwyseg, a mynd at rai mwyndeg,
Yn rhwydd-deg mi a'u rho, i gario'r un gur;
Plas Ucha geiff fod,
A'r Isa'r un nod, yn glynu yn y glod,
A Hafod yr Abad, a gwylied neb ddŵad
Yn gaead ei gôd;
Ni fedrais wrth ri'
Roi'ch henwau da chwi yn barchus mewn bri,
Ond henwi'ch trigfannau, gobeithio gwnewch faddau,
Sy o feiau arna' fi.

Mae hanner gair mall,
Drwy angall fadroddion ym mhigau damhegion,
Yn ddigon i'r call, i'w ddeall yn dda,
Chwi 'dwaenoch fy llais,
Fel mowrgais am ergyd, a'r adar drwy rydid
A drewid o drais, a glymais i'n gla';
Cymydogion heb sôn,
Rwy'n disgwyl y dôn', yn rhwydd ac y rhôn'
Dda roddion o'u reiddo, mi glywais rhai'n addo,
Gobeithio na thrôn';
Ohonynt mae rhi',
Drwy gyrrau'n bro ni, a rhai'n cadw ci,
A 'rheini sydd hebddo, a mawr dalent i'w dwylo,
Rwy'n cofio atoch chwi.

O Ddolfawr yn siŵr,
Pob gŵr o gyneddfau, hyd wastad ac ochrau,
I dai Blaenau'r Dŵr yn swcwr, neshewch,
Doed graddau da eu gras,
O'r Plas yn y Pentre, i Vale Crusis y Croese,
O'u cyrre heb ddim cas, cymwynas a wnewch;
Mae gwŷr ar du'r gwan

Drwy draean y llan, yn Nhrefor mae rhan,
Nhwy hwylian', i hela, yn siriol at Sara,
Mi a'u mynna i'r un man,
Pob heliwr hir ffon,
Pob bragwr ger bron, pob siopwr lliw llon,
Y person a'r clochydd, tafarnwr, melinydd,
Blaid hylwydd at hon.

Penoda i chwi'r dydd,
Mae'n ddedwydd i'w adel, yr hen ŵyl Mihangel,
I'r drafel, led rydd, y rhybudd mi a'i rho:
Dewiswch chwi'r lle
Fo gore i chwi guro am geinach neu gadno,
I'w treio 'mhob tre', hyd frynie'n y fro;
Bydd ymbell bryf brych,
Yn achub yn wych, er hynny 'mhob rhych,
Bydd mynych gŵn meinion, gan amled â'r gwreichion,
I'w ymlid i'r gwrych,
Er gw'ched y gwŷr,
A'u parod gŵn pur, yn llamu dros fur
Mor brysur, arhoswch, pan elo i'r anialwch
Y goedhwch a gur.

Och! saled y sŵn
A'r bwrdwn diburder, cynhafa cân ofer,
Yn cellwer â'r cŵn ni a beidiwn am beth;
Eich gwadd i'r un lle,
Yn dade i'r amddifed, yw'm dolur a'm dyled,
Er nodded Duw ne', da fodde di-feth;
Pan ddelo chwi lawr,
A'r fyddin mor fawr, hardd gweled eich gwawr,
Bydd dirfawr y dyrfa, cysurus i Sara
'Ch ciniawa chwi nawr,
Cewch groeso glân ffri
Yn hael ganddi hi, a'r ddiod yn lli,
Yn llenwi'r holl annedd â thannau a chynghanedd
Iach hoywedd i chwi.

Ymwelwn yn llon,
Â'r gweddwon cystuddiol, a byddwn wybodol,
Wŷr brawdol, gerbron y gwaelion eu gwedd;
Ymg'leddwn yn glyd
Â'n golud ein gilydd, ein gyrfa ni a dderfydd,
Mynd beunydd mae'r byd, o'r bywyd i'r bedd;
Mae'n trysor fel treth,
I'r awdwr di-feth, 'r hwn pia pob peth,
Y cyweth a'r caeau, treftadaeth y teidiau,
A'r plasau mur pleth,
Ddoe'n perchen pob parch,
Yn mynd ar gefn march, Duw fory'n rhoi arch,
I'w gyfarch a'i gyrredd, a'i fwrw fe o'i fowredd
I orwedd i'w arch.

Mae'r 'Sgrythur yn sôn,
Am weddwon yn amal, gan erchi i ni'n ddyfal
Eu cynnal pan fôn' yn weinion ar wall,
A wasgar ei dda
Lle mwya' bo ei eisie', 'chwanega ei dalente',
Ond te, fe leiha os peidia mewn pall;
Mae bywyd a budd
I'w dderbyn ryw ddydd, yr hael a fo rhydd,
A genfydd y gwynfyd, tan odfa tyn adfyd,
Ceiff olud ei ffydd,
Os heuwn had llawn,
Ffrwyth cariad fyth cawn gynhafa'r un grawn,
Duw cyfiawn a'n cofia, trugaredd blagura,
Blodeua mewn dawn.

A'r gwŷr clau wladwyr clydion – da'u tymer,
Doent yma hwyliason,
Bwynt hela, buant haelion,
Wrth waedd hallt y weddw hon.

Ffynhonnell
BB, t. 251.

Darlleniadau'r testun
35. Anhercha, 40. accar fair, 50/51. A'r Wennar ni y wêl drafel yn ormod, 54, cymhell, 73. ddeuall, 86. geneddfau . . . orchrau, 111. Mo'r bryssur anhoswch, 139. a'i gyrred.

Nodiadau
Amrywiad ar y gerdd ofyn gonfensiynol yw hon. Yn hytrach nag erchi gwrthrych arbennig, dymuna'r bardd wahodd gwŷr yr ardal i ddyfod ynghyd am ddiwrnod o hela i godi arian er budd Sara, gweddw William y gof, a'i hwyth o blant. Y mae Jonathan Hughes yn erfyn ar bawb yn nyffrynnoedd Llangollen a Cheiriog a chanddynt 'gi hir' i ymuno â'r helfa; nid y perchnogion tir yn unig, sylwer, ond pob cymydog, crefftwr a masnachwr yn y fro. Yn amlwg, dyma fardd a feistrolodd y grefft o ddwyn perswâd ar ei gyfoedion i gynorthwyo'r anghenus. Drwy gyflwyno darlun llwm o gyflwr truenus teulu'r gofaint a thrwy enwi unigolion, teuluoedd a thai yn yr ardal, fe'i gwna hi'n anodd iawn i unrhyw un wrthod ei gais!

Ac, wrth gwrs, y mae gan y bardd gynnig da ar eu cyfer, sef diwrnod o hela cyffrous ar y bryniau o amgylch Llangollen. Yr oedd hela yn rhan annatod o fywyd cefn gwlad y cyfnod ac yn achlysur pwysig yn y calendr lleol. Cawn gan Jonathan Hughes ddarlun bywiog o gyffro'r helfa wrth i'r cŵn meinion ymlid eu hysglyfaeth a phwysleisia hefyd y croeso arbennig a estynnir i'r gwŷr yng nghartref Sara wedi'r helfa. Er gwaethaf ei thlodi, bydd yno fwyd a diod i'w digoni a 'thannau a chynghanedd' i'w difyrru.

Ymddengys i'r bardd dderbyn ymateb teilwng i'w gais ac iddo lunio'r englyn clo i ddiolch i'w gyd-wladwyr am eu haelioni tuag at weddw'r gof.

Yr oedd cerddi hela yn ddosbarth cyffredin o gerddi yn y ddeunawfed ganrif a'r bedwaredd ar bymtheg. Am gerddi hela eraill gan Jonathan Hughes gw. *BB*, tt. 257, 261 a 269; canodd ar ran Samuel Roberts y Cwacer, chwaer Jonathan Hughes ei hun a Siôn Wmffre Lewis, gŵr gweddw ifanc a chanddo lawer o blant amddifaid. Hefyd *GA*, t. 108, cerdd ofyn ar ran Morris Williams y telynor.

ar dwyn: yn amlwg, yn agored.
tai perchen tir: bydd y bardd yn annerch pob tirfeddiannwr.
pob cyfaill co hoyw . . . ca' helwyr co hylwydd: ymddengys i'r bardd gymryd mai 'co' yw ffurf gysefin yr adferf 'go' (lled, gweddol) er mwyn cyflythrennu: 'go hoyw', 'go hylwydd' (enwog, llwyddiannus).
Sgweier Llwyd . . . o Drefor: y mae'n bosibl bod y sgweier hwn yn aelod o deulu'r Llwydiaid, Trefor, y cyfeirir ato yn y Molawd Priodas (rhif 20).
Rhydonnen, y Graig Ddu a'r Fynechtid [Efenechtyd]: y mae Jonathan Hughes yn anfon ei gais at y ffermydd hyn sydd i'r gorllewin o Langollen, ger Rhewl, ym mhlwyf Llandysilio-yn-Iâl.

yr Acar Fair: Acre-fair.

Y Glyn: yn y pennill hwn cyfeiria at deithio 'dros fonyn o fynydd' i'r de o Dy'n y Pistyll i'r Glyn, sef pentref Llansanffraid Glynceiriog. Enwa rai o ffermydd y cylch, sef y Tŷ Gwyn, Tal-y-garth, Llwydiart[h], Y Wennar, Y Cefn a Blaen Nantyr.

y Pennant: fferm ger Pontfadog, Dyffryn Ceiriog.

'Glwyseg: Eglwyseg. Y mae golygon y bardd yn awr wedi'u troi tua dyffryn Eglwyseg, i'r gogledd o Langollen lle mae Abaty Glyn y Groes a philer Eglwyseg.

Plas Ucha: plas ym mhen gogleddol dyffryn Eglwyseg a adeiladwyd yn 1563. Yn ystod yr 17ganrif, priododd y perchennog, y Cyrnol John Jones, â chwaer i Oliver Cromwell.

Plas Isa: ger Plas Ucha.

Hafod yr Abad: fferm ger Llangollen.

angall fadroddion: ymadroddion ffôl, annoeth.

o'u reiddio: o'u heiddo.

Dolfawr: ?ger Rhysgog, i'r gorllewin o Langollen.

gŵr o gyneddfau: gŵr sy'n dilyn yr arferion traddodiadol?

Blaenau'r Dŵr: ger Froncysyllte.

Plas yn y Pentre: ger Froncysyllte. Yr oedd y plas hwn yn berchen i Abaty Glyn y Groes cyn diddymiad y mynachlogydd.

Vale Crusis y Croese: Abaty Glyn y Groes a oedd yn eiddo i deulu Trefor er 1663. Efallai fod 'y Croese' yn cyfeirio at biler Eglwyseg, croes sy'n dyddio o'r 9fed ganrif.

hen ŵyl Mihangel: 29 Medi.

ceinach: ysgyfarnog.

pryf brych: creadur gwyllt.

cŵn meinion: milgwn.

coedhwch: hwch wyllt.

A'r gwŷr clau wladwyr clydion . . .: englyn o ddiolch i'r helwyr am eu cyfraniad. Ceir englynion diolch o'r fath ar ddiwedd nifer o gerddi gofyn Jonathan Hughes.

GWAHODDIAD I HELWYR DDYFOD I HELA AC I WELLHAU AR WRAIG WEDDW DLAWD A LLAWER O BLANT AMDDIFAID, Y CYMHELLIAD HWN ROED AT BENAETHIAD AC UCHELWYR PLWYF LLANGOLLEN, AC ERAILL ODDI AMGYLCH

'Cyfarfod Da'

Rwy'n dan - fon ar dwyn Gain add - fwyn gy - nedd - fe i'ch
An - tur - iaf at wŷr, U - chel - wyr â cha - lon ac

gwa - hodd i'r un - lle, Iawn fo - dde'n o fwyn, a
'wy - llys da rhydd - ion A ffydd - lon a phur, fo'n

di - gŵyn yw'r daith; Dros we - ddw'n y fro, Gwraig
gy - wir i'r gwaith: Gwir we - ddw 'dyw hon, Bur

Will - iam y go', rwy'n dŵ - ad ar dro, I
u - nig ei bron, a'i phen dan y don, A'i

geis - io i - ddi gy - sur a char - iad ei
gwein - ion gen - hed - laeth yn go - fyn i'w

bro - dyr, Di - fe - sur yw fo;
ma - maeth Eu llun - iaeth yn llon.

17.

Cerdd i ofyn maen llifo i'r gof gan ei gwsmeriaid

'Llef Caerwynt'

Gair annerch gwŷr enwog tai selog Tysilio,
Cymwynas cymdogion ran gyson rwy'n geisio,
Dros frawd yn hwyrfrydig mae'r cynnig a'r cwynion,
Daw f'achwyn a 'mwriad ar fychain a mawrion;
Mae Ned y Gof mewn adwy gaeth,
Mi gana'n ôl y gwŷn a wnaeth,
I foddio'r ffraeth gelfyddyd,
I'r gwŷr mae'n rhaid agoryd,
Y perwyl a ddarparwyd,
A hyn rwy'n 'ofyn hefyd,
Gan ei glyd gwsmeriaid glân,
Maen llifo i'r go' mewn llafar gân.
Mae'r gŵr yn fardd go hardd ei hun,
Pan fo'r awenydd ar ei wŷn
A'i destun o ryw dastus,
Gynefin gastiau nwyfus;
A'r testun yma'n rhwystrus,
Nid allai wneud ei 'wyllys
'I hun a'i gynnwys yn ei gân,
Wych weithred teg, wrth chw'thu'r tân.

Ac felly fe ballodd neu rusodd ei reswm,
Oherwydd rhy galed a hir oedd ei gwlwm,
Am hyn o swydd drwstan minne sydd drosto
Yn gorwag fonllefain am garreg faen llifo;
Yn rhy ddi-nwyf oedd rhoddi nâg,

Rhyw ruo wnes ar awen wag,
A hyn a fag ryfygus
Gan gerth o gynnig warthus
I flino a fo haelionus
Cwsmeriaid, deiliaid dilys,
I'r gof cwynfannus rheidus rhoi
Maen sadwllt trwm yn sidyll troi:
A phrynu'r garreg hardd-deg hon,
A'i nôl o'r graig yn olwyn gron,
A thalu'n llon a llonydd
Amdani'n ôl ei deunydd,
A ffrâm o breniau newydd,
I'w gosod ar ddwy ysgwydd,
Gan ryw ben celfydd, 'mennydd maith,
Neu saer y gamp fo'n siŵr o'r gwaith.

A dwylo Cadwalad' a'i hatshiad a'i neddau,
Gan gymryd ei gynion ac amryw deganau,
Sy i'w fesur a'i osod drwy drallod yn droellen,
Yn fanwl i fyned yn gowled o galen;
Y saer a lifa'n gynta' un
I dreio'r hwyl ei arfau ei hun,
A'r hwsmyn fydd mewn osmant
Am finio arf pan fynnant,
A llawer crefftwr methiant
Yn ddigon pell mewn palliant,
Am na feddant yma fin,
Byr awch fo ladd y braich yn flin.
Pan ddelo ymlaen y maen mi wn,
Drwy amod teg, bydd tramwy at hwn,
Tyn ymaith bwn o benyd
Sy ar lawer poenwr nychlyd
Wrth amal gael ei ymlid
I weithio ag arfau rhydlyd
Heb ddim dedwyddfyd hyd y dydd,
Os cân' nhw faen llai cwyno fydd.

Pob trecyn min mantach bellach pan ballo,
Eir at y go'n brysur drwy lafur i'w lifo;
Os ato daw'r teiliwr, wniadwr â'i nodwydd,
Neu'r crydd â'i fynawyd, ceir iddyn' fin newydd:
Fe loyw lifa'r twca hen,
Gwna ellyn rwd i eillio'r ên,
Cymynen a chrymane,
A'r bladur falch sy'n fylche,
Y gyllell wair a'r gwelle,
Pan elon' lyrfion arfe,
Fel dannedd hen geffyle ar ffael,
Ym maen y go' bydd min i'w gael.
Ceisiwch frysio hwylio hyn,
Heb oedi'r daith na bod yn dynn,
Neu farwedd synfyfyrio,
P'run orau ai gwneud ai peidio,
Os eir i hir gonsidro,
Daw stori dan ystwyro
A rhes yn rhuso, ymlusgo ymlaen,
Os hyn sy i fod, dim siawns am faen.

Er imi hir gwyno a threio fy athrawiaeth,
Gwagedd yw'r cwbl a thrwbl rith obaith,
Rwyf fel un yn curo neu ruo yn yr awyr,
Mewn poen a mawr g'ledi heb henwi mo'r gwladwyr:
O beth a wnaf? Rwyf byth yn ôl
Am ŵr o stiward ar ei stôl,
Un hollol am ymhyllu,
A dibris i ddadebru,
Gwŷr cysglyd er eu casglu,
I wrando cwyn y canu,
Ni wnânt ond llechu a llaesu llaw,
Mo un o ddeg i mewn a ddaw.
Rhyw eithaf ddyn â thafod iach,
Yn chwannen groes achwynion gwrach,
Pwy graffa Gruffudd Morris
Am adrodd geiriau medrus

A holi'r gwaith yn hwylus
I orffen gwneuthur 'wllys
Y go' blinderus, goblyn dur,
O gael y maen i gil y mur.

Os dôn' wrth eu tywys, ŵr dawnus, a'u denu,
A'u natur o gariad ond te rhaid eu gyrru;
Y stiward o ddifri' sy i godi ffon gadarn
I'w nôl yn o hoyw, neu wialen o haearn;
Llwyth o faen yw eitha'r fael
A holais i gan liaws hael,
A rhaid ei gael i'r golwg,
Rhaid hwylio hwn, ertolwg,
I'r gwyliwr bydd oer gilwg,
Daw fyrdd o fawrddrwg iddo fe,
Drwy arw lid a'i droi o'i le.
Wrth godi'r ged na fydded feth,
Tynned ran at hyn o dreth,
O beth i beth gobeithio
Daw ddigon i ddiwygio,
Mae ymbell gyfell ganddo,
Yn haelach heb gynilo,
Myn roi a llunio mwy na'r lleill,
A rhoed y gwan yr hyd y geill.

Ffynhonnell
William Jones (gol.), *Llu o Ganiadau* (Croesoswallt, 1798), t. 80.

Darlleniadau'r testun
14. wyn, 57. ymlyd, 76. orai, 108. er tolwg, 115. ddewygio, 117. cynhilo, 118. mwyn na'r lleill.

Nodiadau
Yn y gerdd ofyn hon, erfynia Jonathan Hughes ar gwsmeriaid Ned y Gof am gymorth i brynu maen llifo (neu faen hogi) newydd iddo a chawn ninnau olwg ar fywyd crefftwr o'r ddeunawfed ganrif. Yr oedd y gof hefyd yn fardd ei hun sy'n ategu'r dystiolaeth mai crefftwyr, megis gofaint a chowperiaid, oedd nifer fawr o feirdd gwlad y cyfnod. Fodd bynnag, ar yr achlysur hwn, teimla Ned fod angen cymorth

Jonathan Hughes arno i lunio'r gerdd ofyn ac er mwyn ceisio sicrhau ymateb ffafriol gan y gynulleidfa, pwysleisia Jonathan pa mor ddefnyddiol ac angenrheidiol yw gwaith y gof i'w bywydau beunyddiol. Dywed y bydd y maen hogi hwn yn ddefnyddiol i bawb yn y fro, ac aiff ati i enwi rhai o'r arfau cyffredin a ddefnyddid gan bobl y cyfnod, megis y twca, ellyn, cymynen, cryman, pladur, cyllell wair a gwellau. Cawn ddarlun felly o gymuned a ddibynnai ar ei gilydd ac awgrymir y safle pwysig a oedd i'r bardd gwlad o fewn y gymdeithas hon. Wedi'r cyfan, ef yn unig a oedd â'r hawl i fynd ar ofyn y gymdogaeth am roddion amrywiol. Pe byddai unrhyw un arall yn gwneud cais o'r fath, byddid yn ei ystyried yn fegera; ond i fardd fel Jonathan Hughes, fe'i hystyrid yn un o freintiau traddodiadol y bardd gwlad. Sylwer i'r bardd fyfyrio ynghylch y fraint arbennig hon mewn cyfres o gerddi hunan-wawdiol, dychanol yn dechrau â 'Cân y Cardottyn Eon, neu Sturdy Beggar, dichell ystrywgar y prydydd i ofyn cyfrwy' yn *BB*, t. 272.

Tysilio: plwyf Llandysilio-yn-Iâl ger Llangollen.

adwy gaeth: argyfwng.

maen llifo: maen hogi.

ei gwlwm: ei benbleth/dryswch neu ei gerdd.

Pob trecyn min mantach: pob teclyn neu erfyn diddannedd, h.y. heb awch na min iddo.

Gwagedd yw'r cwbl: cf. Pregethwr 1:2, 'Gwagedd o wagedd, medd y Pregethwr, gwagedd o wagedd; gwagedd yw y cwbl'.

lyrfion arfe: arfau llyrfion, u. llwfr, gwan, di-fin.

coblyn dur: bwgan creulon, caled.

Daw fyrdd . . . Daw ddigon: enghreifftiau o gamdreiglo bwriadol er mwyn cyflyth-rennu.

CERDD I OFYN MAEN LLIFO I'R GOF GAN EI GWSMERIAID

'Llef Caerwynt'

Gair an-nerch gŵyr en-wog tai se -log Ty - sil- io, Cy -mwy-nas cym-

dog-ion ran gy -son rwy'n geis- io, Dros frawd yn hwyr- fry -dig mae'r

cyn - nig a'r cwyn- ion, Daw f'ach-wyn a 'mwr-iad ar fy-chain a

mawr - ion Mae Ned y gof mewn a - dwy gaeth, Mi
gŵr yn fardd go hardd ei hun, Pan

ga - na'n ôl y gŵyn a wnaeth, I fodd -io'r ffraeth gel -fy - ddyd, I'r
fo'r a -we-nydd ar ei wŷn A'i des -tun o ryw das -tus, Gy-

gŵyr mae'n rhaid a -go - ryd, Y pe -rwyl a ddar -pa - rwyd, A
ne -fin gast -iau nwy -fus; A'r tes -tun y -ma'n rhwys-trus, Nid

hyn rwy'n 'o - fyn he - fyd Gan ei
a - llai wneud ei wy -llys i hun a'i

glyd gws-mer-iaid glân, Maen lli -fo i'r go' mewn lla -far gân. Mae'r
gyn-nwys yn ei gân, Wych weith-red teg, wrth ch'w-thu'r tân.

18

Moliant Ysgweier Miltwn

O fawl a gorfoledd fod Ysgwier Miltwn, etifedd Castell y Waun
yn Sir Ddinbych, wedi dyfod i'w oed, 26 Ionawr 1785

'Dydd Llun y Bore'

Dedwyddol yw'r dydd,
Llawenydd llu enwog, dydd heulog da hwyl,
Cydgodwn i'w gadw a'i alw fe'n ŵyl;
Pob miwsig a cherdd,
Pob pencerdd yn pyncio ac yn clulio pob cloch,
Ni thawant â bloeddio, tra cerddo bîr coch:
Middleton for ever, to be Lord of Manor
And Chirk Castle pillar, and ruler on right,
We 'xpected his mighty, spread over the country
In judgement and mercy with lovely delight,
His glory through Britain is clear and bright;
Hir e'nioes ac iechyd i'r ieuanc ŵr hefyd,
Yn llon mewn llawnfyd, bob ennyd y bo,
A dyfodd yn impyn, o raddau da wreiddyn,
Yn howddgar blanhigyn a brigyn ein bro,
A'i enw ddatgenir fe'i cedwir mewn co'.

He stood by estate,
A primate of Denbigh, no body shall be
In Court nor a Quarter, none higher than he,
Etifedd a gaed
I waed y goreuon cyfreithlon i fod
Yn nhalaith y gwledydd yn helaeth ei glod;
And chieftain is worthy to hold up his glory,
We keep and be merry his happy birth-day,

Come every good wisher, drink glass one another,
Rejoice all together, sit here and stay,
Sing songs to assisting supplying the play,
Miltwniaid Frutanwyr oedd frydion ar frwydyr
Rhag trawsion orthrechwyr rhyfelwyr a fu,
A'u harwydd a welsoch llaw laddgar oleu-goch
Ar hon pan edrychoch adwaenoch eu tŷ,
Mae'n dangos fod dechre' eu gradde' nhw'n gry'.

Chirk Castle stand up,
Have a cup to the gentry and happy good house,
Each others' are nothing but lodging of Crows,
Gobeithio fod gwlith,
O fendith cyfiawnder a phurder a phwyll
I'w gynnal i fyny a'i deulu'n ddi-dwyll;
For rich is the righteous, free heart and propitious,
Those ancient are famous and glorious and glad,
Open-handed to scatter, and so they was prosper,
Trust not in their power nor never they had,
Observe the good doing, forbidding the bad;
Hwn felly fo'n wellwell, yn wrysgyn aur asgell,
Yn bybyr ei babell yng Nghastell y Waun,
Yn golofn a rhagfur goludog i'n gwladwyr,
Yn barod ei synnwyr, yn beraidd ei sain,
Pan godo gwrth'nebwyr yn rhwystyr i 'rhain.

With rare Middleton,
The region of Denbigh is truly to strive,
Under his manner along are they 'live,
Anrhydedd a pharch,
A'i gyfarch mewn gofal yn amal a wna
Ei wladwyr tylodion ar dirion air da;
By thousand and million, the whole corporation
And all habitation with Milton will meet,
Wherever he living, they love and saluting
The ground where he walking and treading his feet,
Let him in his absent have excellent greet,

179

A chyfarch gwell iddo yr awr ag y delo,
'Rym byth yn gobeithio cawn honno cyn hir,
Da rwyd y diw'radwydd ŵr doethwych ymdeithydd
I forio'n gyfarwydd trwy'r tywydd i'r tir,
Bydd lluoedd yn llawen 'weld Seren y Sir.

Ffynhonnell
NLW 573D, t. 102.

Darlleniadau'r testun
31. oe ty, 34. houss, 35. lodgeing, 42. they head, 51. maner . . . live, 57. saluteing,
58. trodeing, 62. i di wradwydd wr.

Nodiadau
Er gwaethaf diffyg diddordeb rhai tirfeddianwyr pwerus yn eu diwylliant brodorol,
cenid cerddi mawl i uchelwyr pwysig gan feirdd gwlad megis Jonathan Hughes drwy
gydol y ddeunawfed ganrif. Yr 'Ysgweier Miltwn' hwn oedd Richard Myddleton,
mab Richard Myddleton (1726-95), Aelod Seneddol a pherchennog Castell y Waun.
Yn y gerdd hon fe'i cyferchir ar achlysur ei ben-blwydd yn un ar hugain, 26 Ionawr
1785. Bu farw Richard y mab yn ddi-blant un mlynedd ar ddeg yn ddiweddarach
yn 1796, flwyddyn wedi marwolaeth ei dad, ac etifeddwyd y castell gan ei chwaer
hynaf, Charlotte (a briododd Robert Biddulph o Swydd Gaerwrangon). Cyfansodd-
wyd cerddi i Filtwniaid Castell y Waun gan nifer o feirdd gwlad eraill y cyfnod
modern cynnar, er enghraifft Huw Morys, Twm o'r Nant a Huw Jones, Llangwm.
    Canodd Jonathan Hughes o leiaf ddwy gerdd arall i ddathlu pen-blwydd y bon-
heddwr ifanc hwn (NLW 573D, tt. 104, 106), ond hon yw'r unig foliant dwyieithog
a gyfansoddwyd ganddo. O edrych ar y gerdd hon, ymddengys mai sylfaenol iawn
oedd y Saesneg a feddai Jonathan Hughes, ond gwelir yma ymdrech i gyflythrennu
ac i odli'n llyfn yn yr iaith fain. Noder hefyd i Jonathan Hughes lunio cerdd Gym-
raeg gyffelyb i gyfarch Syr Thomas Mostyn (1776-1831) ar ei ben-blwydd yntau'n
un ar hugain, 20 Hydref, 1797 (*GA*, t. 95). Yn y ddwy gerdd ceir yr un pwylais ar
ddatgan mawl a chydyfed er iechyd y bonheddwr ifanc. Yn amlwg, yr oedd dathlu
pen-blwydd uchelwr ifanc yn achlysur cymdeithasol pwysig i deulu, gweision a
thenantiaid yr ystad, fel y dengys y darlun o weision Gwaenynog yn dathlu pen-
blwydd Richard Myddleton (Peter Lord, *Delweddu'r Genedl* (Caerdydd, 2000),
t. 175) a'r adroddiad yn y *Shrewsbury Chronicle*, 5 Chwefror 1785, yn disgrifio'r
gwledda a'r difyrrwch a fu yn y Waun wythnos ynghynt.

1111s

Chirk Castle: Castell y Waun.

[y ieuanc ŵr] A dyfodd yn impyn, o raddau da wreiddyn,/Yn howddgar blanhigyn a brigyn ein bro: cf. 'Hysbys y dengys y dyn/O ba radd y bo'i wreiddyn' (Tudur Aled). Y mae'r trosiadau hyn o fyd natur (impyn, planhigyn, brigyn) yn dwyn i gof ddelweddaeth canu mawl yr Oesoedd Canol, cf. mawl Dafydd Nanmor i Rhys ap Rhydderch ap Rhys, 'Ni thyf, mal gwenith hafaidd,/Brig ar ŷd lle ni bo'r gwraidd;/A dyfo o bendefig/A dyf o'i wraidd hyd ei frig,' (Saunders Lewis, 'Dafydd Nanmor', yn *Meistri'r Canrifoedd*, gol. R. Geraint Gruffydd (Caerdydd, 1973), t. 89).

llaw laddgar oleu-goch: roedd llaw goch ar ben uchaf arfbais teulu Myddleton y Waun (ceir y nodyn '*Bloody hand in their Coat of Arms*' ar ymyl dalen y llawysgrif). Gwelir y llaw goch yn eglur ar glwydi haearn enwog y castell a luniwyd yn 1719.

Mae'n dangos fod dechre' eu gradde' nhw'n gry': yr oedd teulu Myddleton y Waun yn hawlio eu bod yn tarddu o Ririd Flaidd, arglwydd Penllyn (m. 1207).

lodging of crows: cyfeiriad at hen gastell Dinas Brân? Ceir y nodyn 'sef yr hen gestyll' ar ymyl y ddalen.

Quarter: cyfeiriad at Lys y Sesiwn Fawr a gynhelid bedair gwaith y flwyddyn dan ofal ustusiaid heddwch o blith y bonheddwyr lleol.

Brutanwyr: Brytaniaid, Brythoniaid. Mae'r enw hwn yn amlygu gafael yr hen hanesyddiaeth draddodiadol Gymreig ar ddychymyg Jonathan Hughes. Yn ôl yr hanesyddiaeth hon, disgynyddion i Brutus o Gaerdroea, a'r gwir Brydeinwyr gwreiddiol, oedd y Cymry, gw. E. Wyn James, '"Nes na'r hanesydd . . .": Owain Glyndŵr a llenyddiaeth Gymraeg y Cyfnod Modern. Rhan 2: Hanes yr Hen Brydain', *Taliesin*, 111 (2001), 117-126. Gw. hefyd 'Brutaniaeth' yn y 'Cywydd i Annerch y Cymry' (rhif 8).

brydion: cyfeiriad at y canu brud?

Yn golofn a rhagfur: enghraifft bellach o ddylanwad delweddaeth y canu mawl canoloesol, cf. 'Chirk Castle pillar' yn gynharach yn y gerdd.

scatter: hau â llaw agored, hael.

corporation: ac *incorporation*, cyngor neu lywodraeth leol. Daeth plwyfi'r Waun a Llansilin yn rhan o Gyngor Croesoswallt, Sir Amwythig (*Oswestry Incorporaion*) yn 1791. Yn adroddiad y *Shrewsbury Chronicle*, 5 Chwefror 1785, dywedwyd, 'The different companies of our corporations paraded our streets with emblematical flags', er mwyn dathlu pen-blwydd yr ysgweier ifanc.

19.

Marwnad Mari Rhys

'Diniweidrwydd'

Prudd alarnad ymadawiad
Ag annwyl gariad, brathiad bron,
Tros yr afiaith hir garwriaeth
Yn arwyl hiraeth ar ôl hon;
Trwm yw 'nghyffes am gymhares
Fwynaidd fynwes gynnes gu,
Pur anwylyd ffyddlon hefyd
Dros derm ei bywyd imi bu;
Chwith ymadel, canu ffárwel
Pan aeth ei hoedel eitha' hyd,
Nid oedd 'chwanegu'r amser hynny
Oedd wedi'i bennu i ado'r byd.

Mi ges gydoesi â phur ddyweddi
A chariad imi'n llenwi'n llawn,
A byd dewisol, iach, heddychol,
Serch naturiol unol iawn,
Blynyddoedd llawen, dair a deugen,
A byrion oedden', diben daeth
Yn rhy gynnar ei rhoi'n y ddaear,
Gwely galar, carchar caeth,
Buon ffyddlon briod, gyda'i hamod,
Hyd ing a dyrnod angau du
I roi gwahaniad, ymddatodiad
A thorri rhwymiad cariad cu.

Heb arnaf eisiau cynaliaethau
Nac angenrheidiau o bethau'r byd,

Na dim ymgeledd lân a ch'ruedd,
Maen' drwy drugaredd gen i 'gyd,
Ond gwag yw'm llety, gwely ac aelwyd,
Er bod hefyd yn y tŷ
Bob ffyddlondeb, mewn gweddoldeb,
Ffarwél i burdeb fel y bu,
Pawb yn ddiddig fwyn garedig
Heb un gair ffyrnig hagr ffôl,
Ond pan edrycha' am gariad cyfa'
Y swm anwyla' sy yma'n ôl.

Yr holl addfwynder, dwymyn dymer,
Sydd yma'n drymder i mi am dro,
Darfu'r cwbwl ond y meddwl,
Synna cwmwl sy yn y co',
A'r meddwl cofus yn dwyllodrus
Ei delw a ddengys, aethus yw,
Yn wrthrych heddiw o'i chorffyn hoyw
Fel pe byddai'r fenyw'n fyw,
Oherwydd hiraeth, daw amheuaeth
Drwy anystyriaeth, gweniaith gwael,
Er 'mod yn teimlo nad oes eto
Er manwl chwilio, mo'ni i'w chael.

Brau ei nwydau, byrion ddoniau,
Heb ynddi droeau chwedlau chwith,
Difrifol fynwes plaen ei chyffes
Ni wnâi mo'r anwes, rhodres rhith,
Yn ceisio trefnu ei thŷ a'i theulu
Yn ôl ei gallu i'w harddu hwy,
Ac 'wllys cwbwl, er ei thrwbwl,
Yn eitha'r meddwl wneuthur mwy;
Hon oedd i'n maethu a'n clyd ddilladu
A'n hanrhydeddu nos a dydd
Yn fwy na'i hunan, fe fu hynny
Pan fyddai'n rhannu'n ddigon rhydd.

Bu'n famaeth fwynedd ugain mlynedd,
Un wachol sylwedd w'chol serch,
Ymddygai i'r byd drwy boen helbulon
Pedwar meibion, pedair merch,
A'u magu hefyd yn eu mebyd
Hyd oed ieuenctid, howddfyd hedd,
Ac un gan ange' yn oed ei blode'
Ar alwad bore 'roed i'w bedd,
A saith sydd eto gwedi gado
Yr hyd y gwelo Dduw yn dda,
A minnau'n wythfed pan gan fyrred
Neu par hired y parha.

Hi fagodd dri o blant estroniad
Heblaw 'rhai aned iddi 'hun,
A 'rhain mewn oed pan roed hi 'r ddaear
Yn dwyn galar bod ag un,
Er hyn rhaid inni, wedi 'cholli
Wir fodloni 'leni'n lân,
I'r pridd er prudded lle'r ordeinied
Yr ŷm ni'n myned, fawr a mân,
Dyna'r llety, gwaela' gwely,
Yr awn i gysgu, llygru'n llun,
Gyrfa gorfydd marw beunydd
Yma derfydd am y dyn.

Ein tadau a'n teidiau a'n holl gyneddfau
A'r cenedlaethau gore' eu gwedd,
Rhai mwya' eu golud yn eu hawddfyd
Yn 'mado â'r bywyd, mynd i'r bedd,
Rhai ddaeth o'n blaene, aethont hwythe
I dŷ eu hir gartre, methle mud,
Ac felly ninne ar eu hole
I'r un wan gyfle'r awn i gyd,
Dyna ein trafel, rhaid ymadel,
Byd o ffárwel yw fe i ffoi
A Duw yn pwyntio, addas iddo
Yw mynnu'r eiddo mae'n ei roi.

Ffynhonnell
NLW 573D, t. 170.

Nodiadau
Mari Rhys, neu Mary Rees, o blwyf Llangollen oedd gwraig Jonathan Hughes. Priododd y ddau ar 4 Tachwedd 1745 a ganed iddynt bedwar mab a phedair merch, yn unol â thystiolaeth y gerdd. Bu farw Mari ar 29 Mehefin 1788, a'i gŵr a luniodd yr englyn hwn i'w osod ar garreg ei bedd:

> I'r ddaear fyddar fe aeth – y ddirym
> Ddaearol naturiaeth,
> A'r enaid ar wahaniaeth
> Mae'n llaw Duw, man lle daeth.
>
> (Williams, *Beirdd y Gofeb*, t. 18)

O gymharu â gwrthrychedd yr englyn, mae galar personol i'w deimlo yn y farwnad hon. Y mae poen ei unigrwydd yn llethu'r bardd gan beri iddo ymron â gorffwyllo wrth weld delwedd ei ddiweddar wraig yn ymddangos o'i flaen. Cofia'n annwyl am ei natur ddiffwdan a'r gofal a ddangosai tuag at ei phlant, gan gynnwys tri o blant maeth a fabwysiadwyd ganddi. Ai'r wraig hon oedd gwrthrych y gân serch deimladwy a ganodd y bardd i'w 'fenws' flynyddoedd lawer ynghynt (rhif 2)? Efallai'n wir, ond canodd gân arall am ei gariad hefyd, sef cerdd o gyngor i wŷr ifainc y fro yn mynegi ei gywilydd a'i siom o ganfod fod y ferch ifanc yn feichiog a hwythau'n ddibriod (*Almanac* Cain Jones, 1747; NLW 4971C, t. 226). Mewn gwirionedd, y mae'n bosibl iawn y gorfu i Jonathan briodi Mary oherwydd fe'u priodwyd 4 Tachwedd 1745 a ganed eu plentyn cyntaf, Sara, ar 26 Chwefror 1746, bedwar mis yn ddiweddarach. Fodd bynnag, yn y gerdd gyngor, dywed y bardd ei fod yn barod i ysgwyddo'i gyfrifoldebau, ac os gwir yw tystiolaeth y farwnad, cafodd gymar ffyddlon a chariadus am dros ddeugain mlynedd.

Dros derm ei bywyd: ceir ymadrodd cyffelyb yn y gân serch o gyffes gŵr (rhif 2) sydd, o bosibl, yn awgrymu mai'r un fenyw oedd gwrthrych y ddwy gerdd.

Hyd ing a dyrnod angau du/I roi gwahaniad . . .: adlais o'r gwasanaeth priodasol yn y *Llyfr Gweddi Gyffredin*, 'Hyd pan y'n gwahano angau'.

Na dim ymgeledd: Genesis 2:18, 'Hefyd yr Arglwydd Dduw a ddywedodd, Nid da bod y dyn ei hunan; gwnaf iddo ymgeledd cymwys iddo'.

Synna cwmwl sy yn y co': Wele gwmwl yn cymylu/rhwystro'r cof. Gw. hefyd *BB*, t. 316, 'Och synna saeth a chaeth ochneidion,/Ymado a mine'r merched mwynion'.

Pedwar meibion: cf. 'Tri meibion Noa', Carol Clwb (rhif 13, ll. 169) a 'pedair merched', Actau 21:9.

Ac un gan ange' yn oed ei blode'/Ar alwad bore' roed i'w bedd: ganwyd Mary, ail blentyn i Jonathan a Mary Hughes ar 28 Awst 1748 ond nid oes cofnod pellach

amdani ym mhapurau teulu Ty'n y Pistyll. Y mae'n bosibl, felly, mai hon oedd y
ferch a fu farw 'yn oed ei bore'.

bod ag un: heb ado ag un.

gyrfa gorfydd: ffurf ar y ferfenw 'gorfod': ein gyrfa yw gorfod marw.

I dŷ eu hir gartre: y bedd, Pregethwr 12:5.

MARWNAD MARI RHYS

'Diniweidrwydd'

Prudd a - lar - nad___ y - ma - daw-iad Ag an - nwyl
Trwm yw 'nghy- ffes___ am gym - ha - res___ Fwy-naidd

gar - iad, brath-iad bron, Tros yr af - iaith__ hir ga -
fy - nwes gyn - nes gu, Pur an - wy- lyd__ ffydd-lon

rwr-iaeth Yn a-rwyl hi - raeth ar ôl hon; Chwith y - ma-del,ca-nu
he - fyd Dros derm ei byw - yd i - mi bu;

ffár-wel Pan aeth ei hoe - del ei -tha hyd, Nid oedd chwa-

ne - gu'r__ am-ser hyn-ny oedd we-di' i ben-nu i a-do'r byd.

186

20.

Molawd Priodas

'Dydd Llun y Bore'

Da newydd yn wir,
A gwelir mai gwiwlan a diddan yw'r dydd,
Gorfoledd ohono yn seinio i ni sydd.
Cysylltwyd yn un
Câi ddeuddyn ddyweddiad mewn cariad mwyn cu,
O'r bonedd aur beunod waed hynod bob tu.
Y Meistr Huws hoywedd, ddiogan dda agwedd,
O'r Bryndu deg annedd, glyd fonedd gwlad Fôn;
Plas Coch gyda hynny'n etifedd yn tyfu,
Parchedig drwy Gymru yw ei deulu lle dôn',
Am eurddawn eu synnwyr mae myrddiwn yn sôn;
A'i gangen lân eurfrig, winwydden fonheddig,
Bryn y Neuadd bron ewig, garedig o ryw;
Gwaedoliaeth Coed Elen yn ethol wenithen,
Pêr leuad pur lawen, un geinwen deg yw,
Wir addas wareiddia', sain fwyna' sy'n fyw.

Olewydden werdd las
O Blas Pentre Hobyn, planhigyn yw hi,
O Drefor, a'i 'nafiaid braf euraid eu bri,
Lle'r hanai'r lloer hon,
Glan'rafon glain hefyd o'r cynfyd mae co',
Treftadaeth ei theidiau a'u graddau aeth i'r gro;
Ond Trefor oleuwen, Treforiaid ei pherchen,
Brig gallu Bro Collen, a'u haden yn hir,
Hen nyth i benaethiaid, lân wrol flaenoriaid,
Cell adail y Llwydiaid, mae'n llydan eu tir,

Tair stad hir ystodiau, trysorau tair sir;
Y difalch bendefig, drwy afiaith diryfyg,
Cadd flodau fawledig, nodedig i'w dŷ;
Cymerodd gymhares, fun wen yn ei fynwes,
A hollawl gyfeilles, fwyn gynnes fain gu,
Dewisol hardd d'wysen, meillionen mewn llu.

Gwraig annwyl sydd well
Na chastell, na chistiau, na llannau, na llwyn,
Fel Esther frenhines, dra chynnes ei chwyn.
Tros galon ei gŵr,
Rhag cynnwr' amcanion oedd greulon i'w gradd,
Pan oeddid mor barod â llewod i'w lladd.
Mewn undeb heddychlon, bo 'rhain yn byw'n union
Fel Abraham ffyddlon, oedd dirion dda dŵr,
A'i briod anwyla', â'r feddwl ufudda'
'N gysurus fel Sara, howddgara' efo'i gŵr,
A chariad i'w rhwymo, a'u selio nhw'n siŵr;
Ac felly drwy 'wllys Duw unig daionus,
Ni phallant â phwyllus, bur hwylus barhau,
Un feddwl a fyddan', un enw ac un anian,
Mewn howddfyd cysurlan, a diddan eu dau,
A Duw'n eu bendithio a'u llwyddo i wellhau.

Hir einioes i 'rhain,
A sain eu lleferydd, drwy'r gwledydd yn glod,
A'u 'mddygiad fon'ddigaidd yn beraidd yn bod;
Yn rasol o hyd
Dan fywyd difeius, yn barchus yn byw,
Yn hael a thrugarog, yn rhywiog eu rhyw;
Yn cynnal llywodraeth, diwygio cymdogaeth,
Yn haeddu canmoliaeth y dalaith lle dôn,
A'u had etifeddol, yn egin Cristnogol,
Yn deulu rhinweddol, dymunol ym Môn,
Yn dyrau diorwag, lle bynnag y bôn';
Fel Boaz a Ruth hefyd, y ddau'n un anwylyd,
Un wenfron yn unfryd, un bywyd yn ben,

Un corff ac un ysbryd oedd Adda a'i wraig hefyd,
Ac yno dywedwyd, pan luniwyd hi o'i len:
Priodas wir ddownus, paradwys ardd wen.

Fel ag y gwnaeth Duw
Iach ryw o'r dechreuad, diweddiad nid oes,
Mae ei arfaeth yn cynnal pob cenedl ac oes;
Er bod yma'n ddau
Bersonau, wrth synnwyr a natur i ni,
Un cnawd heb derfynau, na rhwymau na rhi';
Gair Paul sy'n ddigonedd, i wŷr ac i wragedd,
O'r union wirionedd, diduedd y daeth,
Am barch ac ufudd-dod pob rhai at eu priod,
A chariad pur parod i fod yn wir faeth,
Fel Crist a'i lân eglwys, yn weddus a wnaeth;
Mewn llawen ddull hoywedd, eu dau hyd eu diwedd,
Y bônt yng nghyfannedd eu hannedd eu hun;
A llwyddiant ar feysydd, a maenol a mynydd,
Heb ana' i fyw beunydd yn llonydd eu llun,
Yn cario iau cariad mewn tyniad gytûn.

Ffynhonnell
Cain Jones, *Tymmhorol ac wybrenol newyddion, neu almanac newydd am y flwyddyn 1794* (Amwythig, 1794), t. 13.

Darlleniadau'r testun
5. Cae, 6. baunod, 28. afiaeth di ryfyg, 35. Ester, 56. dâlaeth.

Nodiadau
Dyma folawd i ddathlu uno dau o deuluoedd mwyaf pwerus Cymru, sef teulu Bulkeley, Ynys Môn a Llwydiaid Sir Ddinbych. Cyfansoddwyd y molawd ar achlysur priodas William Bulkeley Hughes, etifedd Plas Coch a'r Brynddu, Môn, ac Elizabeth Thomas, merch Rhys Thomas, Coed Elen a Bryn y Neuadd, yn 1792. Yr oedd y priodfab yn or-ŵyr i'r dyddiadurwr enwog Syr William Bulkeley, y Brynddu. Yn yr ail bennill, cyfeirir at y briodferch fel un o gyff Llwydiaid Pentre Hobyn, Trefor a Glanyrafon. Dyma gyfeiriad at deulu mam Elizabeth, sef Margaret Lloyd, etifedd ystadau Pentre Hobyn (sir y Fflint), Trefor (ger Llangollen) a Glanyrafon (Sir Drefaldwyn) a briododd â Rhys Thomas yn 1782.

Yn ogystal â mawrygu llinach anrhydeddus y ddeuddyn, cyfeiria Jonathan Hughes
at nifer o wragedd beiblaidd a ystyriwyd yn batrymau teilwng i'w hefelychu. Cyflwynir
Esther, Sara a Ruth fel enghreifftiau o wragedd delfrydol gan eu bod oll yn ffyddlon,
ufudd a darostyngedig i'w gwŷr, ac er na fu Efa hithau'n ufudd i'w gŵr, canmolir y
cyflwr priodasol a grewyd ar ei chyfer hi ac Adda yng ngardd Eden.

**[c]angen aur eurfrig, [g]winwydden, ewig, [g]wenithen, Pêr leuad, Olewydden
werdd las, lloer, [t]wysen, meillionen:** trosiadau confensiynol ar gyfer merch
ifanc, hardd sy'n adleisio canu mawl a serch yr Oesoedd Canol.

cell adail: encilfa, cartref.

Esther: gwraig y Brenin Ahasferus, a beryglodd ei bywyd er mwyn achub ei phobl yr
Iddewon, Esther 7.

Abraham ffyddlon: sylfaenydd cenedl Israel. Galatiaid 3:9, 'Felly gan hynny, y rhai
sydd o ffydd a fendithir gydag Abraham ffyddlon'.

Â'r feddwl ufudda'/'N gysurus fel Sara: gwraig Abraham a oedd yn nodedig am ei
hufudd-dod a'i gostyngeiddrwydd i'w gŵr, 1 Pedr 3:6.

Boaz a Ruth: dewisodd Boaz Ruth yn wraig ar ôl gweld ei theyrngarwch disyfl i'w
mam-yng-nghyfraith, Naomi, Ruth 4.

Adda a'i wraig: crewyd Efa yn wraig i Adda yng ngardd Eden, Genesis 2:21-25.

Un cnawd heb derfynau: bydd gŵr a gwraig 'ill dau yn un cnawd', Effesiaid 5:31;
gw. hefyd Mathew 19:4-6.

Paul: cyflwynodd Paul gynghorion i wragedd a gwŷr garu a pharchu ei gilydd yn ei
lythyr at yr Effesiaid 5:22-33. Y mae Jonathan Hughes yn adleisio geiriau Paul
pan ddywed fod y berthynas briodasol yn adlewyrchu perthynas 'Crist a'i lân
Eglwys', Effesiaid 5:32.

heb ana': heb anaf, di-nam.

cario iau cariad: trosiad cyffredin ar gyfer priodi, cf. rhwymo dan yr iau.

MOLAWD PRIODAS

'Dydd Llun y Bore'

Da_ ne-wydd yn_ wir, A gwe-lir mai gwiw-lan a
Cy - syll-twyd yn_ un Câi ddeu-ddyn ddyw-edd-iad mewn

di -ddan yw'r dydd, Gor - fo-ledd o_ ho - no yn_ sein-io in-ni
car-iad mwyn cu, O'r_ bo-nedd aur_ beu-nod waed hy -nod bob

sydd. Y____ Meis-tr Huws_ hoyw-edd, ddi - o-gan dda_
tu. A'i____ ga-ngen lân_ eur - frig, win - wy-dden fon -

ag-wedd, O'r_ Bryn-du deg an-nedd,glyd fo-nedd gwlad Fôn; Plas
he -ddig,Bryn y Neu-add bron e - wig, ga - re-dig o ryw;Gwae-

Coch gy - da hyn-ny'n e - ti-fedd yn ty-fu, Par - che - dig drwy
dol-iaeth Coed E - len yn e-thol we - ni -then, Pêr leu - ad pur

Gym - ru yw ei deu - lu lle dôn', Am
la - wen, un gein - wen deg yw, Wir

eur-ddawn eu syn-nwyr mae myrdd-iwn yn sôn;
a-ddas wa - reidd - ia'; sain fwy-na' sy'n fyw.

191

21.

Marwnad Elizabeth Griffiths
o Fryn Howel

'Cloch Alar'

Ffun, ffun, fel unnos daith, yw einioes dyn:
Rhag colyn ange', sy wrtho ynglŷn,
Nid oes yr un a red;
Pob hen ac ifanc, gwan a chry',
C'waethogion a thylodion lu,
Synhwyrol mwy na ffôl,
Ni ffy i gastell na thŵr na thŷ,
Mae'n bywyd wrth y bwa du,
Trwy ange' a'i rym y trenga'r iach,
Fe yrr ei bwys ar fawr a bach.

Chwith, chwith ymado â'n plant, a'u mynd o'n plith,
Bydd dagrau heilltion loywon wlith
Yn frith ar amryw fron;
Mawr ydi gan rieni'r un,
Golli ddelw eu hannwyl ddyn,
Fel y bu 'leni am howddgar lun
Herlodes ddiwair, fwynair fun,
Hon a ddiffoddodd yn ddi-ffun,
Sef Beti Griffiths weddus wawr,
Âi'n brudd ei llun i bridd y llawr.

Hon, hon oedd unig eneth loweth lon,
Bryn Howel fry, a'i breiniol fron,
A thirion radlon ryw,

Yn gangen deg yn bymtheg oed,
A'i gwasg fain drefn, ac ysgafn droed,
Aeth i'r ddaearen yn ddi-oed,
Braw oedd ei chau dan bridd a choed,
I mewn yn rhwym, i'r man y rhoed
Ei chorff i orwedd, geufedd gŵys
Llangollen, dan ddaearen ddwys.

Cwyn, cwyn ei thad a'i mam, di-nam oedd dwyn,
Neu wasgu'r feinir wisgi fwyn
Dan glo dwy erchwyn arch,
A du anhunedd i'w dwy nain,
Sef Ails a Marged saled sain;
Cwyn ar ei hôl yw cân y rhain,
Trwm oedd ei gweled, gowled gain,
Yn mynd o'u mysg mewn amdo main
I'w chartref hir a thir ei thaith,
T'lota' lle, tŷ llety llaith.

Cadd, cadd hon fynd i'r gro, fun deg ei gradd,
Ei pharch a'i chariad ni leihadd,
Hyd ddydd ei hangladd hi;
Ac wyth o ferched henwed hyn
A'i cariai i'r bedd mewn sylwedd syn,
Bob un â'i llygad yno'n llyn,
Ac osgo eu gwedd yn gwisgo gwyn,
Rhoen' ysgwydd wisgi dani'n dynn
I'w rhoi'n ei lle yn nhir y llan,
Hyd yno'r aeth ei dynol ran.

Co', co' am ei rhesymau, clymau clo,
Sy'n alar trymder lawer tro,
Yw'r eiddo deimlo'n dost;
Ond gair o gyngor sobor sy
I'w mam a'i thad mewn cariad cu
I gilio er dim o'r galar du,
Ymhybu'n llawen ym mhob llu,

Heb yma feddwl am a fu,
Iawn oedd wrth raid i Un a Thri
O'i dirboen hallt ei derbyn hi.

Clowch, clowch leferydd Dafydd, ufudd dowch,
Oddi wrth eich blinder trymder trowch
Ac iawn ddeffrowch yn ffres;
Pan oedd ei fab mewn cystudd caeth
Yn gla' o'r nych, galaru wnaeth,
A phan fu farw'n hoyw'r aeth,
Fe drodd yn ffri 'madroddion ffraeth:
Bodloni am hwn mi wn na wnaeth,
Ni ddaw yn ôl dan Dduw o ne',
Ond eto fi af ato fe.

Llais, llais Job yn ei ddirmyg ysig ais,
Oedd geiriau cysur gorau cais,
Bodloni i'r drais am dro,
Dweud yn ei glwyf a'i gnawd yn gla':
'Duw roes im' drysor, tir a da,
A phlant fel hardd blanhigion ha',
Duw aeth â 'rhain, mi a'i doeth fawrha',
Ac byth yn Nuw gobeithio wna,
Bendithio ei ras, heb gas na gwg,
A modd ei drefn am dda a drwg.'

Drych, drych gole' ar goedd i'r gwael a'r gwych,
A syn i'n clyw yw sain y clych,
A'n claddu'n rhych y rhaw;
Ond peth cyffredin inni i gyd
Yn ein hoes yw hyn o hyd,
Fe â'r naill a'r llall ar ball o'r byd
Heb yr un praw' o'r awr na'r pryd
Bydd inni fynd i'n beddau'n fud;
Byr ydyw ein bywyd bas,
A dyn â i lawr fel deilen las.

Praw', praw' o'n bywyd truan sy oddi draw
A'i hyd osodwyd fel lled llaw,
A buan daw i ben;
Pan êl i'r llwch, holl degwch dyn,
Nid oes am hardda', llonna' ei lun,
Ond gair ffarwél am gorff yr un,
Roedd hon yn dlws wen, Fenws fun,
Nid rhydd hawl i Dduw ei hun,
Nid galar yw, na briw na brath,
Ond cysur 'i fod yn ceisio'r fath.

Gwir, gwir y gwelir rhai mewn galar hir,
A dyna'r dôn sy amdani ar dir
Lle sonnir am ei sain,
O'i bod yn llonwych ac yn llawn
O ddefosiynol ddynol ddawn,
Ymadrodd seliedd medrus iawn;
Boreol flode' gore' a gawn,
Cân' eu prinhau cyn y prynhawn:
Rhai ifainc doeth rhinweddol waith,
Ni welant henaint yn eu taith.

Gad, gad marwolaeth hon i'w mam a'i thad,
Drwbwl, tristwch dileshad,
Oherwydd cariad cu,
A'i chymydogion gweinion gŵyn,
A'i chyfeilliesau a fyddai'n fwyn
Efo'r eneth fel yr ŵyn,
Oedd yma'n ddownus yn ymddwyn,
Yn llenwi ei lle mewn llan a llwyn;
Y rhain o hyd o'i rhoi'n ei harch
A'i cofian' byth mewn cyfan barch.

Rhaid, rhaid bodloni heb oedi'n lân ddi-baid,
Gwedi'n mynd i'r lludw a'r llaid,
A'n rhoi fel defaid rhwym;
Yno byddwn yn y bedd

Yn tario'n hir mewn tirion hedd,
Lle llugoer gwael, yn llygru gwedd
Y dynion glana', dyna'u gwledd,
Ac yn eu min na gwin na medd;
Daearfedd chwith, lle derfydd chwant
Di-rôl a blys daearol blant.

Lle, lle sydd inni fod dan nod Duw ne',
Gan godi'n gadarn gydag e
A'n ffydd yn gre' mewn grym;
Na wylwn am y meirw mwy,
A ninnau â'n taith tuag atynt hwy,
I'r byd ysbrydol nefol nwy',
Lle nad oes trais, na chlais na chlwy',
Ac nid oes wybod pennod pwy
O gant o'r byd â gynta i'r bedd,
Nesawn ymlaen i Seion wledd.

Ffynhonnell
Cain Jones, *Tymmhorol ac wybrenol newyddion, neu almanac newydd am y flwyddyn 1794* (Amwythig, 1794), t. 16.

Darlleniadau'r testun
20. Ae, 81. Drŷch, 105. ddefeisionol, 126. llygru'n gwedd.

Nodiadau
Marwnad i ferch ifanc leol a fu farw'n bymtheg oed o'r frech wen yw'r gerdd hon. Dyma afiechyd creulon a fu'n rheibio cymunedau Cymru'r cyfnod modern cynnar. Ceir gan Jonathan Hughes farwnadau i drigolion eraill a fu farw yn ei sgil, megis William Williams o Gaer Fach ym mhlwyf Llanrhaeadr ym Mochnant (*BB*, t. 340).

Bryn Howel: ffermdy ar gyrion tref Llangollen.
ffun: anadl, chwyth; trosiad am ddarfodedigaeth dyn.
colyn ange': 1 Corinthiaid 15:56, 'Colyn angau yw pechod . . .'
y bwa du: y pladur (scythe) a gludir gan Angau.
geufedd gŵys/Llangollen: mewn bedd yn ddwfn dan ddaear Llangollen. Defnyddiodd Huw Morys yr un disgrifiad wrth ddeisyfu ar ei gariad i beidio â'i wrthod:

O tro dy serch, trwy irder son,
I dynu o'm bron y braw:
Ac ystyr beth, i'm plaid ow pleth,
Unig eneth, lanwaith, luniaidd, cyn rhoi i orwedd,
Dy anwyledd, dan y geufedd gwys.

(Eos Ceiriog, i., t. 135)

Ac wyth o ferched henwed hyn/A'i cariai i'r bedd mewn sylwedd syn: Ymddengys mai wyth o ferched ifainc, cyfoedion Elizabeth mae'n debyg, a gludodd yr arch i'r bedd. Y mae'r Fonesig Eleanor Butler yn cyfeirio at ddigwyddiad o'r fath yn yr un ardal rai blynyddoedd cyn i'r farwnad hon ymddangos mewn print. Yn ei dyddiadur fis Tachwedd, 1789, ysgrifennodd: 'Saw the burial of a little girl coming thro' the Field. Enquired the reason of its being attended by such a multitude of children. The person of whom we enquired said it was the Custom here when a Child died that all its companions and playmates of the same age attended the funeral and Bore the Coffin to the Grave' (Bell (gol.), *Hamwood Papers*, t. 235).

Bob un â'i llygad yno'n llyn: ffig., â'u llygaid yn llawn dagrau.

ysgwydd wisgi: ysgwydd barod, ystwyth.

clowch leferydd Dafydd . . .: Bu Dafydd Frenin yn ymprydio ac yn galaru pan oedd ei fab yn glaf, ond pan fu farw, cododd a bwyta bara. Pan heriwyd ef gan ei weision, meddai Dafydd 'i ba beth yr ymprydiwn? A allaf fi ei ddwyn ef yn ôl mwyach? Myfi a af ato ef, ond ni ddychwel efe ataf fi', 2 Samuel 12:12-23.

Job: er gwaethaf marwolaeth ei saith mab a thair merch, ni chollodd Job ei ffydd yn Nuw a mynegodd y geiriau hyn o gysur: 'Noeth y deuthum o groth fy mam, a noeth y dychwelaf yno. Yr Arglwydd a roddodd, a'r Arglwydd a ddygodd ymaith; bendigedig fyddo enw yr Arglwydd', Job 1:20.

Fenws: Venus, duwies cariad y Rhufeiniaid.

Seion wledd: mynydd Seion, y Jerwsalem nefol (Hebreaid 12:22) lle darperir gwledd i holl bobloedd y mynydd (Eseia 24:23, 25:6).

MARWNAD ELIZABETH GRIFFITHS O FRYN HOWEL

'Cloch Alar'

Ffun, ffun, fel un - nos daith, yw ein - ioes dyn, Rhag

co -lyn ange', sy wr- tho 'nglŷn, Nid oes yr un a red;___ Pob

hen ac i - fanc, gwan a chry', Cwae -thog - ion a thy -

lod -ion lu, Syn-hwy-rol mwy na ffôl,___ Ni ffy i gas-tell na

thŵr na thŷ, Mae'n by-wyd wrth y bw - a du, Trwy a-nge' a'i rym y

tre - nga'r iach, Fe yrr___ ei bwys ar fawr a bach.

22.

Englynion a wnaeth yr hen fardd yn ei amser diwethaf

Egwan a simsan a sâl – yn methu
Ymwthio drwy'r treial;
Y cefn cam a phob cymal,
Ni 'mendia chwaith, mynd ar chwâl.

Sâl a gwan wyf, Sul a gwaith – mi'n gorfedd
A'm gyrfa'n o hirfaith;
I fy amdo mae fy ymdaith,
A bedd yw diwedd y daith.

Y mae'r prynhawn yn prinhau – rhedeg
Wnaeth rhydid fy oriau;
Y nos sydd yn nesáu,
Yn niweddiad fy nyddiau.

Englynion a wnaeth ef i'w hargraffu ar garreg ei fedd

Yr henaidd noethaidd wenithen – pan syrth
Yn swrth i'r ddaearen,
Un newydd o'r gŵys ddaw'n dwysen
'N bywhau – marwhau mae'r hen.

Ni chyfyd y mud gnawd mall – oddi yma
'N ddiamau gnawd arall:
Ysbrydol dduwiol ddeall,
Gyfyd mewn bywyd di-ball.

Ffynonellau
GA, t. 208.
NLW 578B, tt. 41-2.

Nodiadau
Ceir adlais o 1 Corinthiaid 15: 36-50 yn yr englynion a luniodd Jonathan Hughes
ar gyfer carreg ei fedd ei hun.

FFYNONELLAU
A LLYFRYDDIAETH

1. Ffynonellau Printiedig a Golygiadau Diweddar o Waith Jonathan Hughes

Hughes, Jonathan (1721-1805), *Bardd a Byrddau Amryw Seigiau* (Amwythig, 1778).

Hughes, Jonathan (1753-1834), (gol.), *Gemwaith Awen Beirdd Collen* (Croesoswallt, 1806).

Prys, John, *Dehonglydd y sêr neu almanac am flwyddyn o oedran y byd . . .* (Amwythig, 1748, 50-1, 58, 61-3, 67-8, 70, 75-6).

Jones, Hugh, *Dewisol Ganiadau yr Oes Hon* (Amwythig, 1759), tt. 73, 116, 120, 123.

Jones, Cain, *Tymmhorol ac wybrenol newyddion, neu almanac am y flwyddyn . . .* (Amwythig 1776, 79, 80, 83-5).

Jones, Daniel, *Cynulliad Barddorion i Gantorion* (Croesoswallt, 1790), tt. 94, 103, 109, 116, 121.

Jones, William, *Llu o Ganiadau* (Croesoswallt, 1798), tt. 38, 43, 65, 80.

Davies, J. H., *Bibliography of Welsh Ballads Printed in the Eighteenth Century* (Llundain, 1911).

Jones, Robert, *Lleferydd yr Asyn* (Trefriw, 1819), tt. 20-22.

Edwards, O. M., *Beirdd y Berwyn 1700-50* (Llanuwchllyn, 1902?), t. 107.

Millward, E. G. (gol.), *Blodeugerdd Barddas o Ganu Rhydd y Ddeunawfed Ganrif* (Cyhoeddiadau Barddas, 1991), tt. 204, 206.

Lake A. C. (gol.), *Blodeugerdd Barddas o Ganu Caeth y Ddeunawfed Ganrif* (Cyhoeddiadau Barddas, 1993), t. 80.

Ifans, Rhiannon, *Canu Ffolant* (Cymdeithas Alawon Gwerin Cymru, 1996), t. 68.

———, (gol.), *Yn Dyrfa Weddus* (Aberystwyth, 2003), t. 70.

Am restr lawn o ffynonellau llawysgrifol gwaith Jonathan Hughes, dylid ymgynghori â chasgliad Llyfrgell Genedlaethol Cymru [MALDWYN].

2. Llyfryddiaeth Ddethol

Ashton, Glyn M., 'Arolwg ar Brydyddiaeth Gymraeg 1801-25', *Llên Cymru*, 15 (1983/4), 243.

Bell, G. H. (gol.), *The Hamwood Papers of the Ladies of Llangollen and Caroline Hamilton* (London, 1930). Cyfeiria'r Fonesig Eleanor Butler at Jonathan Hughes yn ei dyddiadur, tt. 93, 165-66, 172, 254.

Derwen, 'Chwedlau am Twm o'r Nant', *Y Brython*, rhif 21, cyfrol 3 (1860), 260.

Ellis, Robert, 'Jonathan Hughes', *Y Geninen*, viii (1890), 28.

Evans, Meredydd, 'Dylanwad Methodistiaeth ar rai o garolau Nadolig y ddeunawfed ganrif', yn *Merêd*, gol. G. H. Jenkins ac Ann Ffrancon (Llandysul, 1994), tt. 155-71.

Griffith, Richard, 'Rhisiart Morus a Jonathan Hughes', *Cymru*, xiii (1897), 94-97.

Griffith, Robert, *Deuddeg o Feirdd y Berwyn* (Lerpwl, 1910).

Howell, David, *The Rural Poor in Eighteenth-Century Wales* (Caerdydd, 2000), t. 150.

James, E. Wyn, 'Rhai Methodistiaid a'r anterliwt', *Taliesin*, 57 (1986), 8-19.

Jones, A. Watkin, 'The popular literature of Wales in the eighteenth century', *Bwletin Bwrdd y Gwybodau Celtaidd*, 3 (1926), 178-196.

Kinney, Phyllis, 'The tunes to Welsh Christmas carols', *Canu Gwerin* (11/1989), 28-57; (12/1989), 3-29.

Lake, A. Cynfael, 'Puro'r anterliwt', *Taliesin*, 84 (1994), 30-9;

———, 'Llenyddiaeth boblogaidd y ddeunawfed ganrif', *Cof Cenedl XIII*, gol. G. H. Jenkins (Llandysul, 1998), tt. 69-101.

Millward, E. G., 'Gwerineiddio llenyddiaeth Gymraeg', yn *Bardos*, gol. R. Geraint Gruffydd (Caerdydd, 1982), tt. 95-110.

Owen, Dafydd, *I Fyd y Faled* (Dinbych, 1986).

Parry Jones, H., 'The Conway and Elwy valleys – some literary men of the eighteenth century', *Trafodion Cymdeithas Hanes Sir Ddinbych*, 4 (1955), 51-74.

Parry, Thomas, *Baledi'r Ddeunawfed Ganrif* (Caerdydd, adarg., 1986).

Peter, John (Ioan Pedr), 'Y Bardd o'r Nant a'r cerddi bedydd', *Y Traethodydd* (1876), 169-97.

Roberts Enid P., 'Hen Garolau Plygain', *Trafodion Anrhydeddus Gymdeithas y Cymmrodorion* (1952), 51-70.

Rosser, Siwan M., 'Golwg ar Ganu Rhydd Jonathan Hughes, 1721-1805', traethawd MPhil, Prifysgol Cymru Aberystwyth, 1998.

———, 'Jonathan Hughes a gwerineiddio llenyddiaeth Gymraeg y ddeunawfed ganrif', *Y Traethodydd*, 156 (2001), 235-44.

———, 'Baledi'r ffin: dylanwad y ffin ar faledi'r ddeunawfed ganrif', *Canu Gwerin*, 28 (2005), 3-19.

———, *Y Ferch ym Myd y Faled* (Caerdydd, 2005).

Williams, Daniel, 'Jonathan Hughes 1721-1805', *Beirdd y Gofeb* (Dinbych, 1951), tt. 7-64.

Williams, G. J., 'Llythyrau ynglŷn ag Eisteddfodau'r Gwyneddigion', *Llên Cymru*, 1 (1950), 29-47, 113-125.

———, 'Traddodiad Llenyddol Dyffryn Clwyd a'r Cyffiniau', *Trafodion Cymdeithas Hanes Sir Ddinbych*, 1 (1952), 20-32.

MYNEGAI I'R ALAWON

GEIRFA

achlesu: cysgodi, amddiffyn
adwyth: dinistr, afles, aflwydd, anffawd
adyn: truan
aeg: iaith
aethus: trallodus
afreidiol: afraid, dianghenraid
agoryd: agor
ais: mynwes, calon
altreth: altraeth, cyfnewidiad, S. *alter*
amdo: gwisg y marw
amherchi: amharchu
ana': anaf, nam, bai
anafod: dolur, briw
anafus: amherffaith, dolurus, difwynol
anghenu: ?angennu, eneinio
anghynfiniol: anghynefin, anghyfarwydd
anwes: mursendod
anynad: croes, blin, sarrug
arail: gofalus, tyner
armi: byddin
art: medr, dyfeisgarwch
arwyl: angladd
athrist: prudd, galarus
athrodion: un. athrod, anghlod, drygair
awdwr: awdur, perchennog, un ag
 awdurdod ganddo
awenydd: awen, ysbrydoliaeth
bâr: llid
bario: rhwystro
blaenori: arwain, rhagori
breg: e. nam, dichell, ystryw; a. briwedig,
 gwanllyd
briwlio: rhostio, llosgi
brycheulyd: yn llawn brychau, gwendidau
buddel: y postyn y rhwymir gwartheg
 wrtho mewn beudy, man geni Crist

bwrdwn: byrdwn, S. *refrain*
byddarion: pobl fyddar
byddarni: trymder clyw
bytho: byddo
cabal: cabl, melltith, cerydd
cafod: cawod
cail: corlan, praidd
calen: carreg hogi
calyn: canlyn
camrau: camre, cerddediad
carcharwr: carcharor
cardd: carcharor
cateceisio: cyfarwyddo, addysgu (mewn
 athrawiaeth grefyddol), S. *to catechize*
cawnen: brwynen, gwelltyn
ced: rhodd, ffafr
cegid: planhigyn gwenwynig, S. *hemlock*
ceinach: ysgyfarnog
cene: cenau, gwalch
certh: dychrynllyd
ci hir: milgi
clau: cyflym, parod; cywir, diffuant,
 eglur
cledde: cleddau, cleddyfau
cliriedd: ?eglur, pur
clowed: clywed
clulio: cnulio, canu cloch
clybwyd: clywyd
clydion: un. clyd, cysurus, cefnog
clymiad: cerdd
clymu: barddoni
clymwr, -ydd: bardd
coblyn dur: bwgan creulon, caled
coedhwch: hwch wyllt
coegddall: cibddall, unllygeidiog
coegfall: gwawdlyd, coeglyd

coetie: coetgae, tir a amgylchynir gan wrych neu berth

cofus: yn cofio, â chof da; meddylgar, pwyllog

coffa: cofféu, cofio

coffor: cist

coweth: cywaeth, cyfoeth

cowion: cywion

cowled: coflaid, anwylyd

cowrain: cywrain

cowri: cewri

cowrt: cwrt, llys barn

crombil: perfedd, canol

c'ruaidd, -edd: caruaidd, cariadus

crwybyr: crwyb, dil mêl

crymane: un. cryman, offeryn crwm i dorri ŷd ac ati

c'waethog: cyfoethog

c'waethogion: cyfoethogion

cwest: archwiliad cyfreithiol

cwys: rhych

cyfell: cyfaill

cyfion: cyfiawn

cyfreidiau: anghenion, gofynion

cyllell wair: S. *hay knife*

cymynen: bwyell fawr

cymyrraeth: cymyrredd, bri, rhyfyg

cyneddfau, -e: arferion

cynhafa: cynaeafu

cynion: u. cŷn, erfyn â llafn i gerfio coed

cynrhawn: cynrhon

cyrdeddiad: cyfrodeddiad, cyd-blethiad

cywart: cwfert, lloches, cuddfan, twll

cyweth: cyfoeth

cywiro: cyflawni neu gadw (addewid)

chwaryddiaeth: adloniant, yr enw arferol ar gyfer 'anterliwt' yn y ddeunawfed ganrif

chwaryddion: anterliwtwyr

'dai: pe bai

dallt: deall

dannod: edliw, ceryddu

dawn: rhodd

degryn: deigryn, diferyn

deilliaid, -ed: deillion

diana': dianaf, di-nam

di'deiladaeth: diadeiladaeth, heb les

difeius: di-fai, di-nam

diffoddi: diffodd

di-ffun: heb anadl, yn farw

dihir: drwg, dybryd, gwael

di-nâg: heb nacâd

diogan: di-fefl, di-fai; heb wawd

diorwag: sylweddol, sicr

di-rôl: direol, gwyllt, anhrefnus

dirwest: diwair

di'sgeulus: diesgeulus, gofalus, dyfal

disoriant: heb anfodlonrwydd na dicter

diwegi: diwagedd, heb gellwair

diwyno, d'wyno: difwyno

dofedd: dofaidd, dof, tyner

drych: wyneb, gwedd, edrychiad

dyla': dylaf, tywyllaf

dylu: colli disgleirdeb, tywyllu

dyri: cerdd rydd

dyrnod: ergyd

dywenydd: dedwyddwch

efryddion: cloff, methedig

ehud: ffôl, ynfyd

eigion: dyfnderoedd

eilchwyl: eilwaith, drachefn

eiliaw, -o: eilio, nyddu, plethu, cyfansoddi (cerdd)

eilydd: eiliwr, cyfansoddwr, bardd

eiriach: osgoi, arbed

elusenni, 'lusenni: elusen

ellyn rwd: rasal wedi rhydu

enllyn: bwyd, ymborth

ertolwg: atolwg, yn wir

ewyllysgar: bodlon, parod

ferdid: dedfryd, S. *verdict*

ffaelio: methu

ffis: tâl, S. *fee*

fforddio: cyfarwyddo, arwain

ffrost: twrw, stŵr

ffun: anadl, chwyth

ffynogion: ?y sawl sy'n ffynnu

gado: gadael

glain: gem, maen gwerthfawr
gochelyd: gochel, gofalu rhag
gogan: gwawd, dychan
goglyd: ffydd, cred, sêl
gomedd: gwrthod
gorthrechwyr: gorchfygwyr, gormeswyr
graean: gro, pridd y bedd neu'r fynwent
g'rafun: gwarafun, gwrthod, gomedd
gwachol: tenau, main
gwaedoliaeth: llinach, teulu
gwal: wal
gwaredd: gwaraidd, gwâr
gwatwor: gwatwar
gwawn: gweoedd ysgafn (pryf copyn)
gw'chol: gwychol, gwych, rhagorol
gwehelyth: llinach, tylwyth
gwelle: gwellau, erfyn i gneifio defaid
gwers: pennill
gw'radwydd: gwaradwydd, cywilydd
gwrysg: un. gwrysgyn, canghennau,
   corsennau, gwiail, llwyni
gwŷg: efrau, chwyn
gwyllysio: ewyllysio, dymuno
gwŷn: poen, angerdd, chwant
haeach: nemor ddim, prin
hatshiad: hatsied, bwyell fach
helied: heliad, casgliad
henw: enw
hepian: cysgu'n ysgafn, pendwmpian
herlodes: llances, lodes
hesg: brwyn
hifio: blingo, ysbeilio
howddgar: hawddgar, hoffus, dymunol
hugan: clogyn
hyllu: anharddu
hylwydd: llwyddiannus, hwylus
ifengedd: ifiengaidd, ieuangaidd,
   lled ifanc
impyn: blaguryn, mab bonheddig ifanc
'lusenni: elusen
llafrwyn: math o frwyn
llaith: egwan
lleiddied: lleiddiaid, llofruddion
llesáu: gwneud lles

lleteusa: lletya
llifo: hogi
lliwr: achwyniad, edliwiad
lloweth: llywaeth, dof, hynaws, tirion
lludded: poen, blinder, trafferth
llwydd: llwyddiant; dawn
llychwino: baeddu, difwyno
llygwr: llygredigaeth
llywiawdwyr: rheolwyr, llywodraethwyr
mael: elw, budd, mantais
maelio: elwa; bod o les
maen llifo: maen hogi
maen sadwllt: ?S. *saddle stone*
mall: drwg, pwdr, llygredig
manna: bara nefol
mant: genau
manus: mân us, peiswyn
moedro: mwydro, drysu, poeni
molach: gweniaith, canmoliaeth ffug
mowion: mawion, mywion, morgrug
mynawyd: pegol, erfyn i dyllu lledr
myrddiwn: myrdd
nâg: nacâd, gwrthodiad
neddau: un. neddyf, bwyell
nych: llesgedd
nychlyd: eiddil, gwan
ocraeth: arian benthyg, llog, usuriaeth
odfa: oedfa, achlysur
ond te: onid e
onor: anrhydedd
ordor: trefn, rheol
osmant: awydd
part: rhan
patch: clwtyn
peiswyn: us
penadur: pennaeth, pendefig
perchi: parchu
peunod: un. paen
pitch: pyg, defnydd gludiog tywyll
pladur: offeryn lladd gwair a medi
power: pŵer, gallu, nerth
pwyntio: pennu
reiol: brenhinol, gwych
rog: cnaf, gwalch, S. *rogue*

rhad: rhodd, bendith
rhagfur: amddiffynfa
rhi': rhif, rhifedig, wedi eu cyfrif
rhôl: rheol, trefn
rhuso: petruso; rhwystro, llesteirio
rhydid: rhyddid
rhywiogaidd: bonheddig, cwrtais
sad: sobr, dwys, difrifol
saig: ll. seigiau, cwrs, gwledd
sarn: llwybr, yr hyn a sethrir dan draed
sawdwyr: milwyr
'sborion: gweddillion, ysbwriel
seliedd: brwdfrydig
sibedu: crogi
sidyll: cylch, rhod, olwyn
soeg: gwaddod, gweddillion
swcwr: ymgeledd, cymorth
swmbwl: blaen miniog, ysbardun
synna: wele, gwêl, dyna
taflen: tabl, rhestr
tario: trigo, preswylio
tastus: blasus
teganau: offer
tesach: gwag, ofer
tesni: ffortiwn, tynged
tid: rhaff, cadwyn
tonnen: wyneb y ddaear
toraith: toreth, cynnyrch, ffrwyth
torrau: boliau
tost: gerwin, llym

toster: llymder, gerwinder
traethawd, traethod: yr hyn a draethir
trafael, -el: poen, caledi, dioddef
tremio: gweld, canfod
tres: cyffro, cynnwrf
trinwr: rheolwr, llywodraethwr
troellen: cylch, pelen, sffêr
tryfais: trafais, anghydfod, cynnen
twca: cyllell fawr
twn: hollt, rhwyg, briw
twnnu: tywynnu
twyso: tywys
tylawd: tlawd
tylodion: tlodion
tympan: drwm, tabwrdd; neu 'tymp', adeg, cyfnod
tyn: tyddyn; tynfa
wâr: nwyddau
'wllys: ewyllys
yleni: eleni
ymbell: ambell
ymgroesi: yr arfer o wneud arwydd y groes
ymhyllu: hagru, anharddu
ymrwyfo: anesmwytho
ymsennu: cweryla, ffraeo
ymwâd: ymatal
yslys: ystlys, ochr y corff
ystodiau: un. ystod, oes, gyrfa
ystyr: ystyried